The Human Body

```
c o t e e l b o w
s h o u l d e r y
a c e b l w h i i
d g w s z f s h d y q b
w h q n t q g a a v h e
r t g c e q e z k u d f
i d c a c h v z e t i o
s n j u e y e b r o w r
t f d r v v c a l n b e
j t o w e o a p b g g a
y f d a n k l e d u d r
q u m n m b p f v e c m
```

forehead   ankle   elbow

shoulder   eyebrow   chest

wrist   tongue   forearm

Breakfast

```
m  e  l  c  a  i  w  y
u  p  o  r  r  i  d  g  e
f  m  c  o  f  f  e  e  g  y
f  d  n  i  t  f  i  b  t  j  l
i  y  f  s  d  p  n  g  w  k  n  i
n  z  g  s  h  a  b  u  t  t  e  r
s  k  p  a  v  n  n  b  v  f  a  e
h  l  o  n  w  c  g  w  f  q  s  a
o  k  t  w  a  f  f  l  e  s  e
n  s  n  k  o  f  e  k  e  f
e  p  e  n  h  t  m  k  m
y  s  c  z  e  a  k  i
```

pancakes   porridge   coffee

honey   muffins   butter

cheese   waffles   croissants

On The Farm

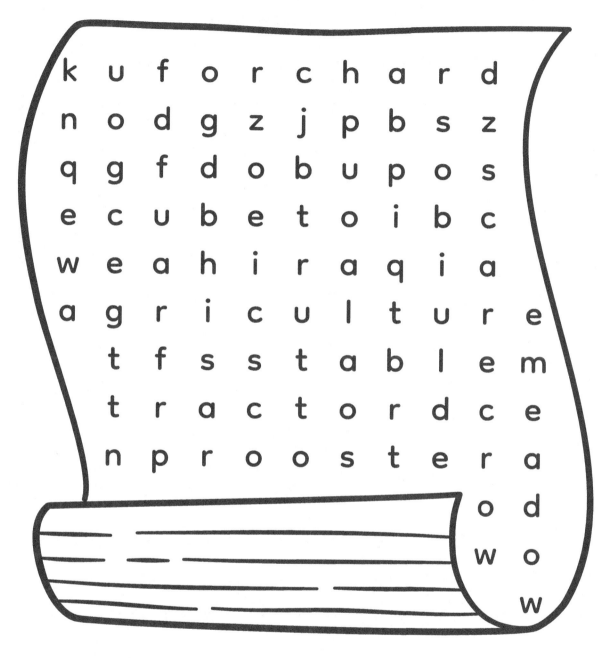

k u f o r c h a r d
n o d g z j p b s z
q g f d o b u p o s
e c u b e t o i b c
w e a h i r a q i a
a g r i c u l t u r e
t f s s t a b l e m
t r a c t o r d c e
n p r o o s t e r a
                o d
                w o
                  w

agriculture   tractor   crops

rooster   stable   udder

scarecrow   orchard   meadow

Fire Station

```
e h k u g y g e q c n l
m j e i b f k d o j r a
e w t l v o a d z h g d
r s z e m u f r t e q d
g w u s z e q i v q q e
e j n j w t t l d u s r
n g i m q w h l f i v t
c c f b k i t m v p q q
y g o l w k h y k m v o
f i r e f i g h t e r s
d y m p u h m q i n s g
u j t h y d r a n t n a
```

smoke   firefighters   uniform

ladder   equipment   drill

helmet   emergency   hydrant

Pets

```
p z p m y e w l c l m
a g o l d f i s h e l
r i s e a b h q i f o
r g p w r j f y n e v
o u m e t s w y c e e
t a g v t u r l h u b
q n o l e t r c i i i
p a r a k e e t l d r
r w z w p d h w l d d
h a m s t e r e a e f
```

parrot   goldfish   turtle

gerbil   chinchilla   iguana

parakeet   lovebird   hamster

Bathroom

```
o  m  b  a  t  h  t  u  b
u  c  u  t  j  h  b  a  i
l  b  t  g  f  e  t  z  j
t  o  o  t  h  p  a  s  t  e  n  j
a  a  o  b  c  s  m  a  z  t  f  y
f  z  t  w  n  a  c  z  u  a  a  q
m  s  h  a  m  p  o  o  t  w  u  n
z  i  b  r  b  h  a  e  s  o  c  p
k  f  r  w  p  p  l  u  n  g  e  r
u  l  u  r  y  i  g  l  l  r  t  f
c  b  s  p  o  n  g  e  k  o  y  v
w  y  h  t  a  r  z  g  d  b  b  z
```

mirror   toothpaste   bathtub

sponge   plunger   shampoo

toilet   faucet   toothbrush

The Solar System

```
U v z h U y g u
r e l N i r t a f
a e s e N o a n l y
n J u p i t e r v a M
u h p t S a b m p e x j
s e i u n g l a x M p y
n c u n i v e r s e l q
u e a e f g u o o r a e
S b S a t u r n c n a
b u j w q f c u e i
m l q w e n r t k
i a k n j y s m
```

Saturn   nebula   galaxy

Mercury   Neptune   universe

Jupiter   Uranus   planets

Trees

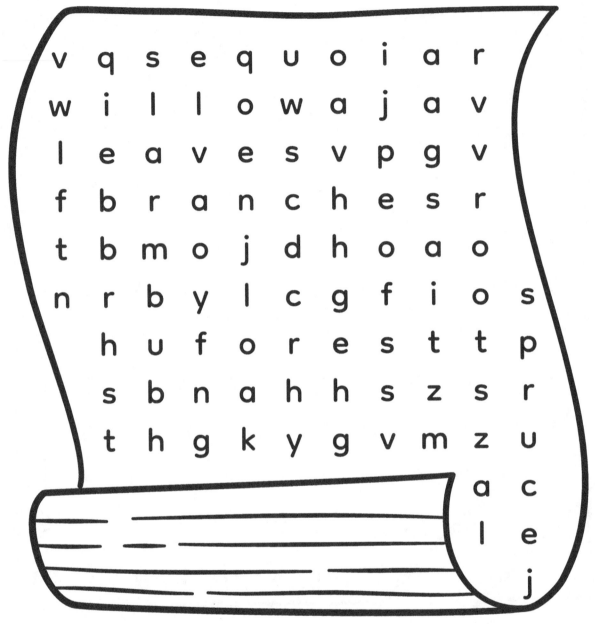

```
v q s e q u o i a r
w i l l o w a j a v
l e a v e s v p g v
f b r a n c h e s r
t b m o j d h o a o
n r b y l c g f i o s
h u f o r e s t t p
s b n a h h s z s r
t h g k y g v m z u
                a c
                l e
                j
```

bonsai   branches   leaves

trunk   sequoia   forest

roots   willow   spruce

Farm Animals

```
i  n  u  h  v  h  h  w  j  s  j  c
z  o  r  h  t  u  r  k  e  y  t  a
k  p  y  n  w  s  u  j  e  a  m  t
h  o  r  s  e  j  b  k  y  g  r  t
l  m  o  c  g  d  n  i  b  o  q  l
l  s  j  r  o  o  s  t  e  r  v  e
l  h  u  a  d  r  c  g  c  d  s  u
t  e  b  g  v  u  f  b  z  e  y  e
l  e  t  c  h  i  c  k  e  n  a  p
t  p  y  y  o  v  b  k  m  s  l  w
g  o  o  s  e  q  s  l  s  d  v  e
c  j  s  g  e  i  l  z  n  m  o  g
```

cattle	horse	chicken
ducks	turkey	sheep
donkey	goose	rooster

Painting

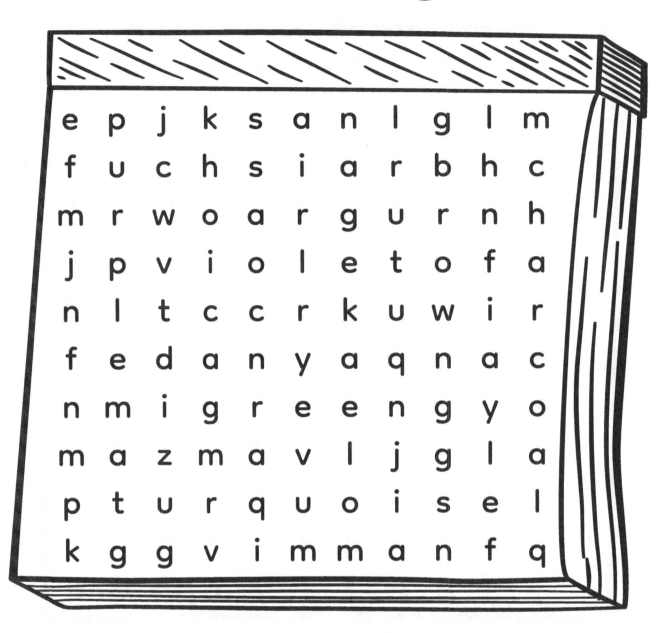

```
e p j k s a n l g l m
f u c h s i a r b h c
m r w o a r g u r n h
j p v i o l e t o f a
n l t c c r k u w i r
f e d a n y a q n a c
n m i g r e e n g y o
m a z m a v l j g l a
p t u r q u o i s e l
k g g v i m m a n f q
```

orange   charcoal   purple

coral   turquoise   green

violet   fuchsia   brown

Cats

```
h  t  j  e  x  z  q  s  w
d  d  o  x  x  q  h  n  w
S  s  i  a  m  e  s  e  q
f  h  n  l  n  y  z  a  d  k  z  l
l  p  t  i  e  p  s  k  l  j  u  b
u  s  l  f  S  p  h  y  n  x  l  s
f  e  a  a  j  s  d  y  v  l  r  c
f  t  x  y  y  b  q  n  i  n  q  r
y  d  j  a  b  f  f  y  R  y  j  a
v  j  k  m  y  h  u  z  s  s  f  t
S  e  p  h  c  o  l  l  a  r  y  c
f  w  h  i  s  k  e  r  u  q  H  h
```

fluffy	whisker	scratch
feline	playful	sneaky
collar	siamese	Sphynx

Horses

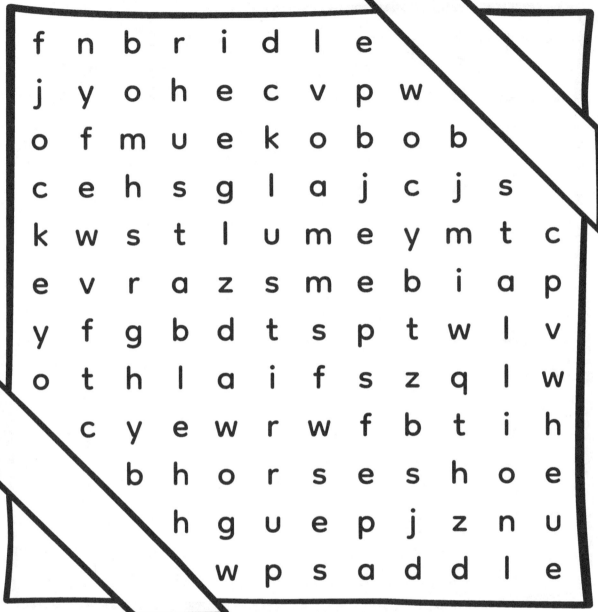

```
f  n  b  r  i  d  l  e
j  y  o  h  e  c  v  p  w
o  f  m  u  e  k  o  b  o  b
c  e  h  s  g  l  a  j  c  j  s
k  w  s  t  l  u  m  e  y  m  t  c
e  v  r  a  z  s  m  e  b  i  a  p
y  f  g  b  d  t  s  p  t  w  l  v
o  t  h  l  a  i  f  s  z  q  l  w
   c  y  e  w  r  w  f  b  t  i  h
      b  h  o  r  s  e  s  h  o  e
      h  g  u  e  p  j  z  n  u
      w  p  s  a  d  d  l  e
```

jockey   stable   gallop

bridle   horseshoe   stallion

helmet   stirrup   saddle

Nature

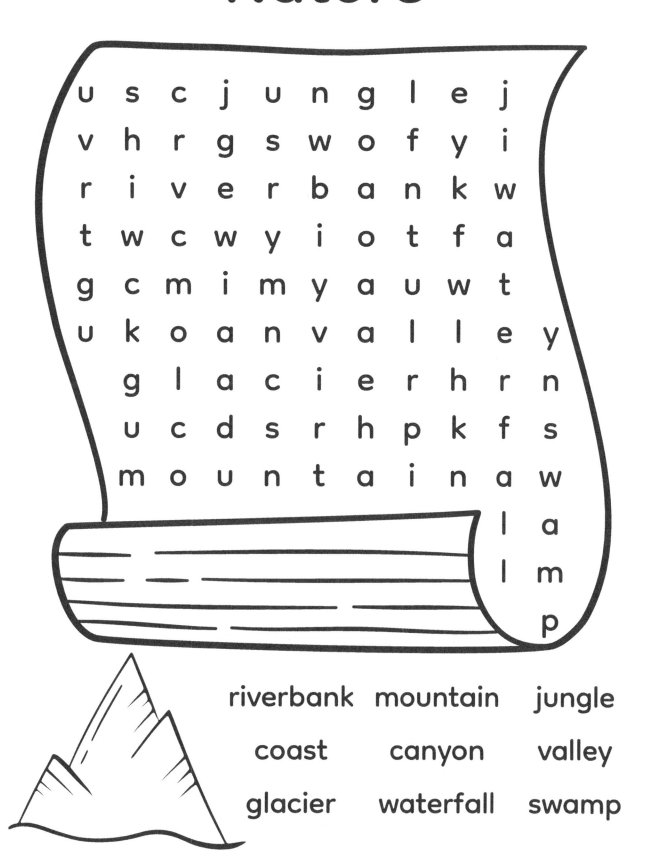

```
u  s  c  j  u  n  g  l  e  j
v  h  r  g  s  w  o  f  y  i
r  i  v  e  r  b  a  n  k  w
t  w  c  w  y  i  o  t  f  a
g  c  m  i  m  y  a  u  w  t
u  k  o  a  n  v  a  l  l  e  y
   g  l  a  c  i  e  r  h  r  n
   u  c  d  s  r  h  p  k  f  s
   m  o  u  n  t  a  i  n  a  w
                           l  a
                           l  m
                              p
```

riverbank   mountain   jungle

coast   canyon   valley

glacier   waterfall   swamp

- 13 -

Chocolate

```
n s h b o l s w e e t r
c m h i u t r u n j l m
l d o t m r r e q c s j
k e s t m g s m o o t h
r l p e p s t k r k c c
l i l r u l p u w r r j
u c h o c o l a t i e r
h i m o i o a y c b a m
y o t v l w o r y x m t
y u v e w h k k u l y d
n s t j w n g l i f n r
r e r b r o w n i e b q
```

brownie   cookie   chocolatier

bitter   delicious   mousse

smooth   sweet   creamy

Baking

k	f	j	r	s	m	h	e	j	o	k
f	x	y	s	y	n	i	c	j	a	n
o	y	e	d	m	a	z	x	e	e	e
c	b	a	g	u	e	t	t	e	s	a
a	r	s	e	r	g	k	x	i	r	d
c	i	t	z	h	z	y	x	e	q	i
c	o	c	i	a	b	a	t	t	a	n
i	c	f	u	j	q	f	p	h	d	g
a	h	l	a	z	i	v	q	g	g	o
k	e	n	v	s	b	u	t	t	e	r

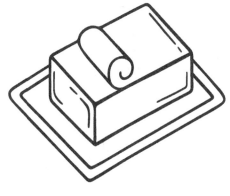

yeast   butter   baguette

ciabatta   focaccia   kneading

brioche   mixer   sifter

St. Patricks Day

```
u s h a m r o c k
n a m v y u g w l
f i d d l e l e j
g c P s e k d l j h e v
s S c c p a q l u o r l
t o o q r j o m y r o r
o q v a e m m d j s q e
r r p y c p i p K e a l
i i h v h o l w p s j a
e g z j a s i q w h d n
s e e s u a j n q o w d
o r a i n b o w s e a k
```

Ireland   parade   leprechaun

rainbow   horseshoe   stories

fiddle   shamrock   coins

Metals

```
o  t  o  p  o  c  i  o
j  u  y  e  p  o  e  m  d
d  n  w  w  f  b  g  d  k  n
u  g  j  t  g  a  e  h  t  u  j
k  s  k  e  p  l  a  t  i  n  u  m
b  t  i  r  b  t  l  k  t  d  e  e
a  e  z  l  f  q  f  p  a  z  i  r
q  n  i  s  v  g  c  s  n  n  b  c
i  e  t  k  e  g  o  i  w  m  u
m  u  f  h  r  u  u  n  q  r
z  w  b  u  b  m  i  p  y
c  o  p  p  e  r  s  c
```

silver   bronze   copper

cobalt   platinum   pewter

tungsten   mercury   titanium

Baseball

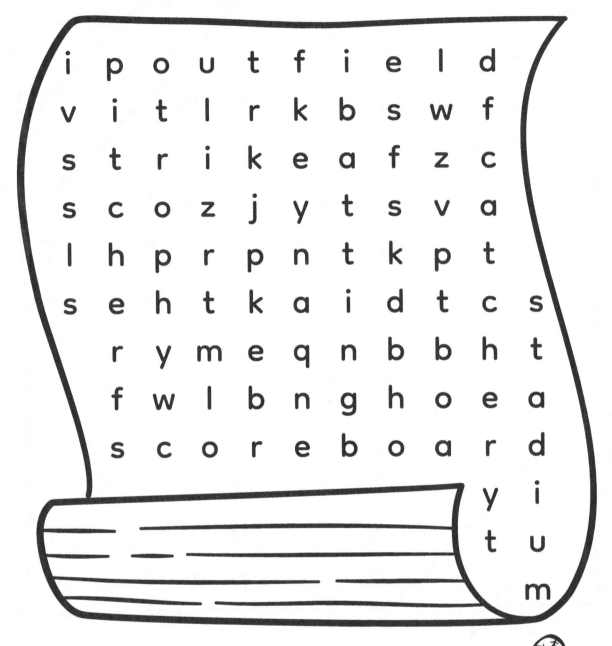

```
i p o u t f i e l d
v i t l r k b s w f
s t r i k e a f z c
s c o z j y t s v a
l h p r p n t k p t
s e h t k a i d t c s
r y m e q n b b h t
f w l b n g h o e a
s c o r e b o a r d
                y i
                t u
                  m
```

stadium   strike   scoreboard

cleats   outfield catcher

batting   pitcher   trophy

- 18 -

Barbecue

```
l r s b c b d y a j i o
c t i o l s u k t q f p
h g z a c h a r c o a l
a t z n t t q o g u m a
r f l q y d y n s e a r
r f e u t v i g j i r v
e g n l a n j o s z i s
d p u y o g c r d w n o
l n m s a u s a g e a e
u b a c k y a r d y t t
t e u q j b u c y u e s
s y t j n b e l g v n a
```

backyard   charcoal   burgers

skewer   seasoning   sizzle

sausage   marinate   charred

Meats

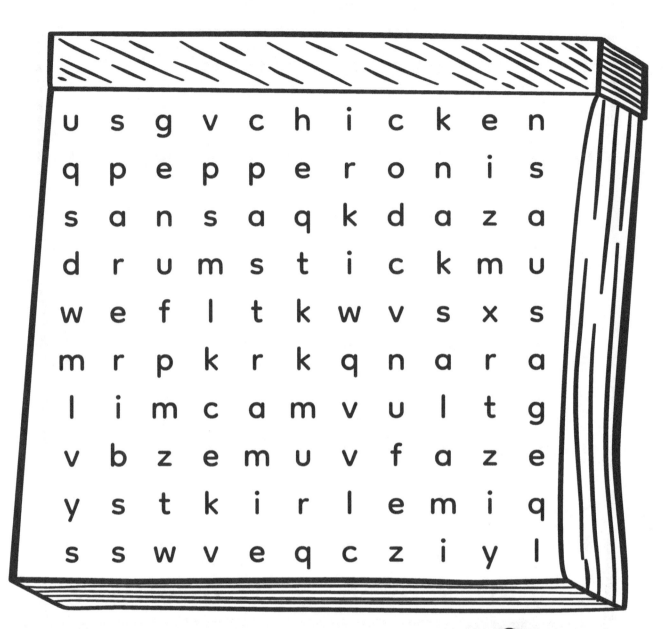

```
u s g v c h i c k e n
q p e p p e r o n i s
s a n s a q k d a z a
d r u m s t i c k m u
w e f l t k w v s x s
m r p k r k q n a r a
l i m c a m v u l t g
v b z e m u v f a z e
y s t k i r l e m i q
s s w v e q c z i y l
```

steak   pepperoni   sausage

quail   drumstick   chicken

salami   pastrami   spareribs

Valentine's Day

```
F e b r u a r y g
n p r o p o s a l
p p q m P c c o t
r v b a u g l e c F y f
e c y n c a K s b a s l
s e n t i m e n t a l o
e p v i c z o h l u r w
n m g c h d i o k e y e
t T j t b t b v n m n r
a b a l l o o n s s b s
r z o v f v i q a b r p
l k k a k d l h e a r t
```

flowers   February   romantic

present   proposal   balloons

heart   sentimental   dinner

Bicycles

```
s  t  h  e  l  m  e  t
g  g  u  l  t  m  x  u  k
h  a  n  d  l  e  b  a  r  s
t  r  i  a  t  h  l  o  n  s  x
n  j  c  c  l  a  h  w  n  e  h  t
s  c  y  c  l  i  n  g  i  x  m  r
c  z  c  q  r  j  g  s  x  e  e  i
e  p  l  b  h  g  r  h  l  r  m  c
   s  e  i  u  z  d  d  t  c  i  y
   h  s  w  r  d  s  o  i  n  c
      s  e  a  t  p  t  s  v  l
      s  q  z  n  c  e  f  e
```

saddle   helmet   exercise

unicycle   handlebars light

tricycle   triathlon   cycling

April Fool's Day

```
c n l a u g h t e r
m i s c h i e f x i
v c b q p y g d b d
k s u r p r i s e i
b p v l m e s l c c
k o h i l a r i o u s
o g c o m i c a l p
f q i v n s z x o r
u d e c e i v e u a
                s n
              f   k
                  s
```

laughter   hilarious   surprise

pranks   spoof   ridiculous

mischief   comical   deceive

Drinks

```
t s n o c o f f e e a b
g n y e p c q h z o h j
m h t s p a r k l i n g
i o k p j p f m e s h o
l y g r r p m i m g z m
k w f e g u m a o k r u
s r b s a c h b n j u j
h t y s c c y y a c k e
s u r o t i h r d b k t
k v m a q n i c e u r o
e d m c w o z f d n f j
j s m o o t h i e c m n
```

coffee   smoothie   milkshake

straw   cappuccino   espresso

matcha   lemonade   sparkling

Time

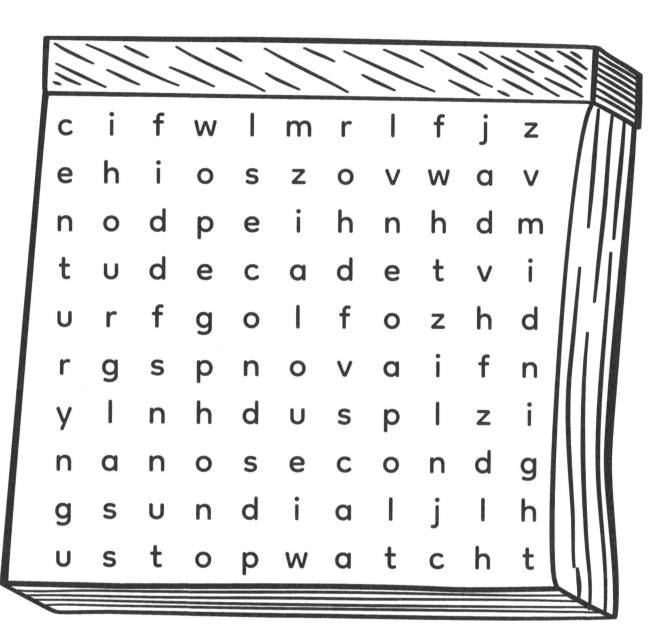

```
c i f w l m r l f j z
e h i o s z o v w a v
n o d p e i h n h d m
t u d e c a d e t v i
u r f g o l f o z h d
r g s p n o v a i f n
y l n h d u s p l z i
n a n o s e c o n d g
g s u n d i a l j l h
u s t o p w a t c h t
```

sundial   nanosecond   month

seconds   hourglass   decade

midnight   stopwatch   century

Garden

```
f g g s h o v e l
l b r r i q z t b
l n e o d m z r u
b z e n v v v v c f a u
q d n e c o y l k c r p
i h h a n h c p e h r l
f l o w e r p o t l s a
q w u e b n l u a s m n
y a s c k u o i a e b t
w h e e l b a r r o w i
w b a j g h g t p y i n
v b i r d h o u s e a g
```

shovel   greenhouse   bucket

planting   flowerpot   birdhouse

grass   wheelbarrow   bench

Home Sweet Home

```
b k i t c h e n
p y i h f n q e k
j b a s e m e n t d
l d c d n d j w s g w
o e r o w x w o n l m b
r a t m c h i m n e y a
g v w t m r m h y k e l
d r i v e w a y f q v c
b a t h r o o m z n o
m i p q b z p w m n
b e d r o o m z y
q l z f x f u l
```

balcony   chimney   kitchen

garden   basement   driveway

bathroom   letterbox   bedroom

Clothing

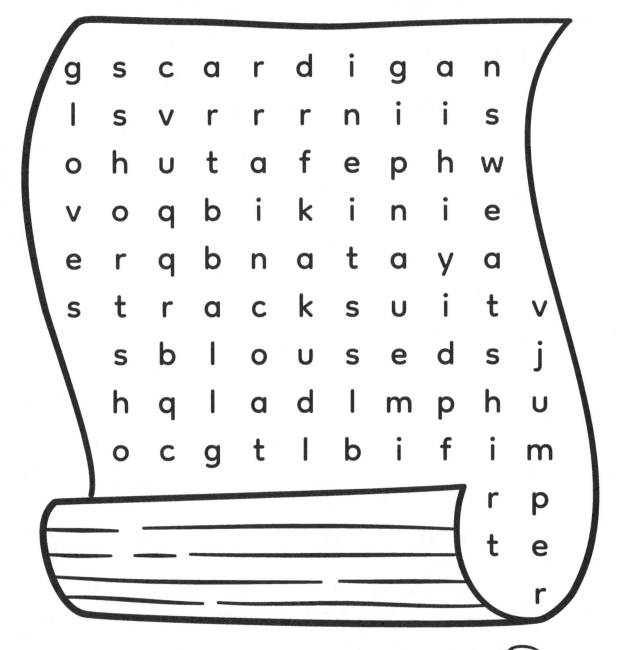

```
g s c a r d i g a n
l s v r r r n i i s
o h u t a f e p h w
v o q b i k i n i e
e r q b n a t a y a
s t r a c k s u i t v
s b l o u s e d s j
h q l a d l m p h u
o c g t l b i f i m
                r p
                t e
                  r
```

shorts   raincoat   sweatshirt

blouse   cardigan   gloves

bikini   tracksuit   jumper

Royalty

i	n	p	m	y	s	c	k	b	d	c	d
m	o	n	a	r	c	h	y	g	l	m	q
a	b	b	j	t	k	y	i	a	m	a	p
y	i	i	e	v	p	o	u	f	b	o	t
i	l	m	s	k	r	t	v	f	e	i	h
q	i	u	t	w	i	l	o	v	p	f	r
o	t	f	i	r	v	n	u	q	r	e	o
c	y	o	c	u	i	a	g	f	s	r	n
d	u	w	a	v	l	e	o	d	e	h	e
r	d	u	c	h	e	s	s	h	o	y	r
p	t	i	i	m	g	d	k	j	n	m	e
p	r	i	n	c	e	s	s	r	d	f	p

princess   throne   kingdom

monarchy   ritual   nobility

duchess   majestic   privilege

Languages

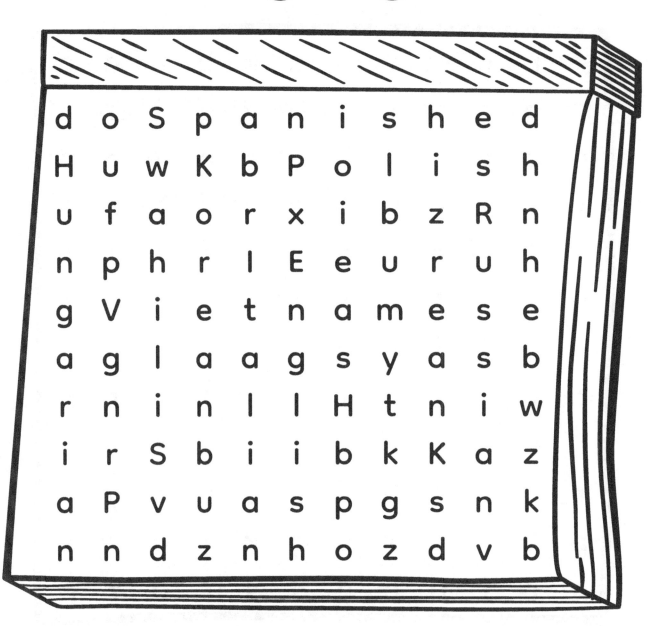

```
d o S p a n i s h e d
H u w K b P o l i s h
u f a o r x i b z R n
n p h r l E e u r u h
g V i e t n a m e s e
a g l a a g s y a s b
r n i n l l H t n i w
i r S b i i b k K a z
a P v u a s p g s n k
n n d z n h o z d v b
```

Spanish   Italian   English

Polish   Vietnamese   Swahili

Korean   Hungarian   Russian

Family

```
i d a y p g l t m
b g d h o a m n v
r q o e u n a w g
o o p i l u o y a s a b
t k t q u r o g t r r w
h i i r h t p n s e m d
e n v h c u e f j n r y
r g e n e r a t i o n s
i q r i a i e t d i k j
j e v p a n e p h e w n
z m d a u g h t e r z q
m o t h e r k u o q q b
```

brother generations mother

nephew   warm   daughter

parents nurturing adoptive

Spices

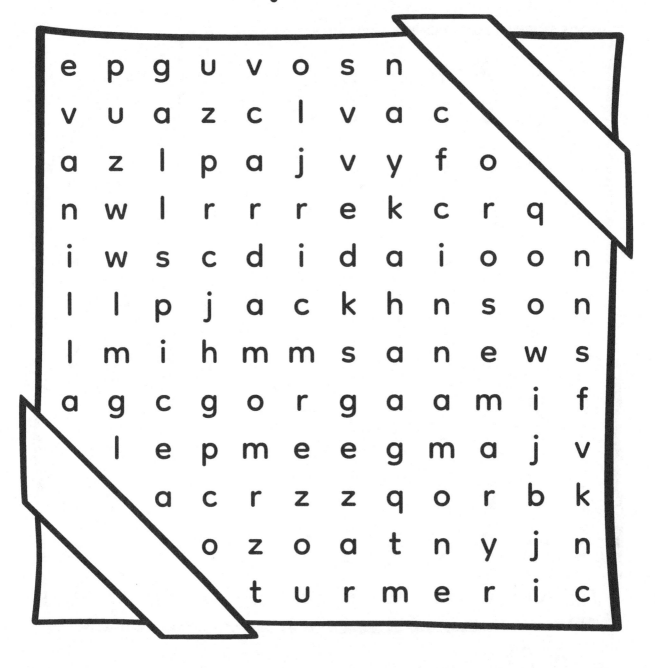

```
e p g u v o s n
v u a z c l v a c
a z l p a j v y f o
n w l r r r e k c r q
i w s c d i d a i o o n
l l p j a c k h n s o n
l m i h m m s a n e w s
a g c g o r g a a m i f
  l e p m e e g m a j v
    a c r z z q o r b k
    o z o a t n y j n
    t u r m e r i c
```

oregano   cinnamon   rosemary

allspice   cardamom   turmeric

paprika   saffron   vanilla

Birthdays

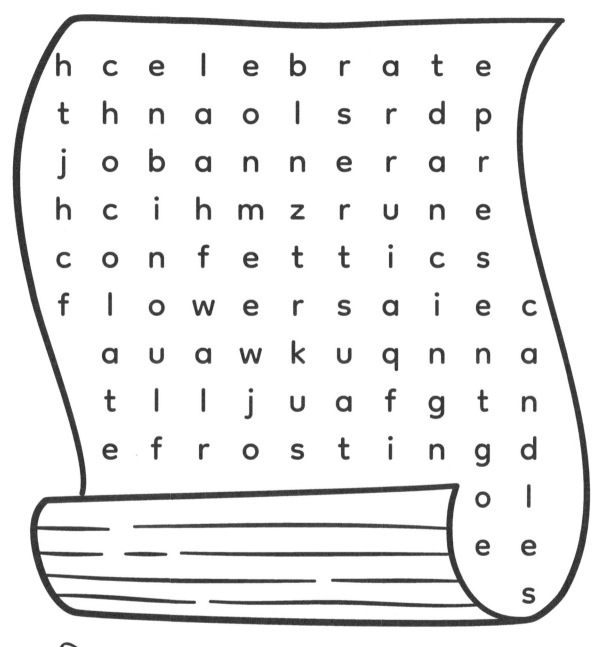

```
h c e l e b r a t e e
t h n a o l s r d p
j o b a n n e r a r
h c i h m z r u n e
c o n f e t t i c s
f l o w e r s a i e c
a u a w k u q n n a
t l l j u a f g t n
e f r o s t i n g d
                o l
                e e
                    s
```

present   celebrate   dancing

flowers   frosting   candles

banner   chocolate   confetti

Halloween

```
m q k y v n s o g e a s p q
s c a r e c r o w t g g u p
c i n u a j q d i v r b m g
q j i f e n k b n e a p p s
a s p i d e r k t t v i k b
q x m b f s h s o z e k i l
t d k j v u n s m b y d n b
v p r v k o q i b t a i w n
u a y s m h e l s a r c d l
d o m u m l u n t j d j d b
a s s p o f f c o s t u m e
h p f f i m c m n s b o d k
c a q m e r a c e u b w s h
a e s z s k e l e t o n a u
```

costume   pumpkin   scarecrow

spider   graveyard   monster

vampire   skeleton   tombstone

Volcanos

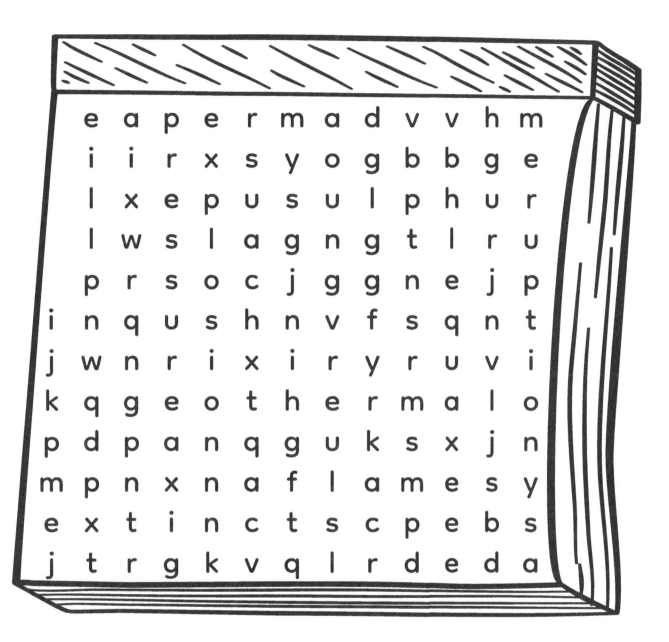

```
e a p e r m a d v v h m
i i r x s y o g b b g e
l x e p u s u l p h u r
l w s l a g n g t l r u
p r s o c j g g n e j p
i n q u s h n v f s q n t
j w n r i x i r y r u v i
k q g e o t h e r m a l o
p d p a n q g u k s x j n
m p n x n a f l a m e s y
e x t i n c t s c p e b s
j t r g k v q l r d e d a
```

eruption	pressure	sulphur
molten	explosion	extinct
flames	geothermal	geyser

Fish

```
n h a l i b u t m s
s t t d i n u s a b
a c l f o e n a c l
q a r m f v y h k k
j t l m b t m a e e d u y w
r a a j h l r z r r f k b c
s n z e e e m y e p r w g g
p g p p c u t t l e f i s h
v e o j v y a v q q g v n w
c l o w n f i s h o e s o g
j f k q s w b q e f a g c p
z i s b m o n k f i s h n p
r s h b u p v c p a t t u k
o h g u p s s a r d i n e s
```

salmon   mackerel   sardines

halibut   clownfish   angelfish

herring   monkfish   cuttlefish

Castles

```
l  d  u  l  a  d  r  a  a
j  r  e  s  t  u  v  a  o  n
l  a  t  q  e  n  v  t  m  s  j
n  w  q  u  t  g  a  u  t  p  b  l
l  b  g  i  m  e  d  i  e  v  a  l  a
j  r  u  r  p  o  h  g  w  e  f  r  g  i
u  i  h  e  e  n  o  u  d  u  q  k  t  n
v  d  e  j  o  u  s  t  i  n  g  s  l  s
h  g  k  c  q  h  y  q  e  g  n  u  l  l
   e  f  b  w  a  t  c  h  t  o  w  e  r
   t  d  f  l  o  c  o  s  z  p  e  o
   k  n  i  g  h  t  s  a  p  o  p
   g  a  d  t  e  h  s  c  u  g
   o  e  k  c  y  p  k  j  j
```

medieval   knights   dungeon

chapel   watchtower   jousting

ramparts   drawbridge   squire

Christmas

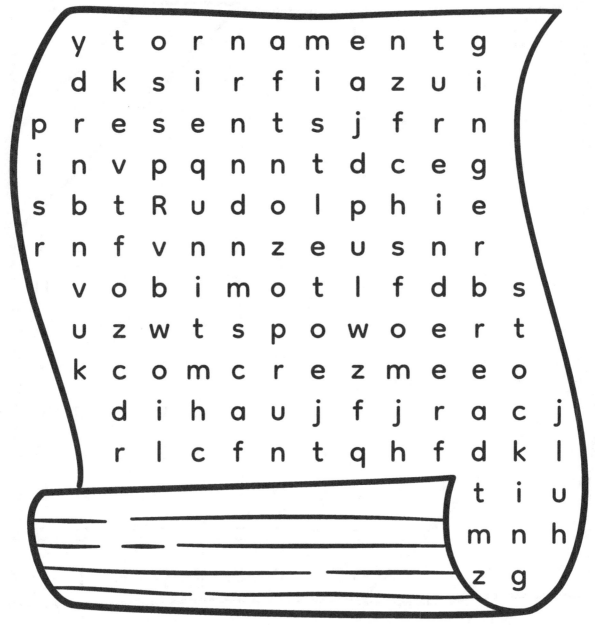

```
y t o r n a m e n t g
d k s i r f i a z u i
p r e s e n t s j f r n
i n v p q n n t d c e g
s b t R u d o l p h i e
r n f v n n z e u s n r
v o b i m o t l f d b s
u z w t s p o w o e r t
k c o m c r e z m e e o
d i h a u j f j r a c j
r l c f n t q h f d k l
              t i u
              m n h
              z g
```

snowman   Rudolph   reindeer

carols   gingerbread   present

stocking   ornament   mistletoe

Pirates

```
r m s g l p v h p o p j v s
w s q x h e n c f a t h m i
b p f c g i o z e c r v f v
h y l u a l s z y v e r d o
c g h t h o e f e k a l o e
m l p l p j c k p t s p u t
b a e a r o z u a d u d b a
c s y s n g g p t n r l l u
l s q s f r f q c u e c o u
t m r w b b a v h y d q o d
a c o m p a s s s i v w n t
c j o i s r e i o a e o s q
b l u n d e r b u s s r u d
t w k l i q k d d j s z d q
```

captain eyepatch treasure

parrot blunderbuss cutlass

spyglass doubloons compass

Easter

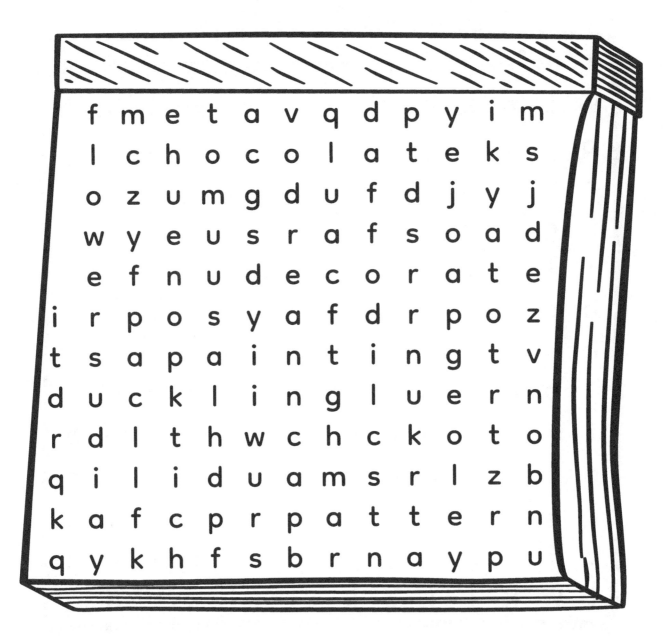

```
f m e t a v q d p y i m
l c h o c o l a t e k s
o z u m g d u f d j y j
w y e u s r a f s o a d
e f n u d e c o r a t e
i r p o s y a f d r p o z
t s a p a i n t i n g t v
d u c k l i n g l u e r n
r d l t h w c h c k o t o
q i l i d u a m s r l z b
k a f c p r p a t t e r n
q y k h f s b r n a y p u
```

chocolate   painting   basket

daffodil   pattern   decorate

duckling   flowers   tulips

Winter

```
h n j g f r o s t y
i c o u a s r s o r
b l a n k e t o q r
e c v f g d t j c j
r r f i r e p l a c e l j g
n o q s z y j f c s i n i v
a s b v r s b e b n k m r a
t u r v a g l d a o n h a e
i l f e b c i u a w h y i g
n c c a y q z y u f b h n b
g b i l b j z t f l z i c v
o d q c e l a h z a i q o q
a p p d l u r c i k f b a d
m f p b d e d b s e f g t n
```

blanket   snowflake   blizzard

skiing   fireplace   raincoat

icicle   hibernating   frosty

Dogs

```
a s h e e p d o g
q i y i c a s L w t
z s c h i h u a h u a
g j h r o e t b h x z a
j a r z s b l r m l u n j
z j b D a l m a t i a n e e
v u z k u o b d l s z a r o
b u l l d o g o p o f a v r
v a q v u d u r p q l q e n
  j r t b h w m a s t i f f
  c k s o g z u c r g r y
    v i u a n l r w a p a
    k n b m e z z s f g
    d g t i r l d c p
```

bulldog   chihuahua   Labrador

mastiff   Dalmatian   sheepdog

terrier   bloodhound   barking

Ocean Animals

```
a r j s i g m t z b e
v q j e l l y f i s h
n a f h a a l r q e t z
i g h q h p j w p z i u
l o c t o p u s e k n s
b o a v r o g g n o g w
  l b r s o d a g r r o u
w u s e s g u u d a r d
n o f t j m j i u y d o
  r j e e y a n c t f l i
  q s t a r f i s h i p s
                      s h w
                      h i s
                      u n
```

jellyfish   lobster   stingray

penguin   seahorse   starfish

dolphin   swordfish   octopus

European Countries

```
F f p e g s r F p r E q G t
r y q E s t o n i a f q e z
k L z c v d g o o n c y r n
H u n g a r y o r b l h m i
g x w z n y p g l l k a a p
D e n m a r k c e L p e n z
k m o j l t n r u p p l y d
w b r y f y G i j k p w n j
P o r t u g a l D w p a v k
j u l o q z x k s i l c g y
k r j c w h z f u e v p o e
i g l N e t h e r l a n d s
c p a t c u E l g a h v e o
f G b P f e c f v v j e i t
```

Germany   Portugal   Finland

Hungary   Luxembourg   Ireland

Denmark   Netherlands   Estonia

Tools

```
b p a i n t b r u s h u
d g y h j o r y d c t p
k m n s c i s s o r s b
e i k q g q y b z e p t
g i c h a i n s a w z o
l u y g q a t m k s d s o
u h m y q c o f m j r x l
s p a t u l a d c k i e b
o j l m n e h q b f v y o
w p l r m s b h i o e h x
e h e y y e s e h u r t k
c z t i r w r s d e v m l
```

chainsaw   screwdriver   toolbox

hammer   paintbrush   shovel

mallet   scissors   spatula

Magic

```
m e v o b p w t p g
s p e l l b o o k l
d w c f e f s t a n
t h g t m q z s i y
y e a a a c g h q o d v y n
o y n l q a w c a h n s a t
m s a i a u o g d v l g s o
z o o s c l m a l c h e m y
z r o m g d a x y w j z q d
k c p a b r a c a d a b r a
z e v n f o u r g f w a r y
v r w o g n y n s g z s o k
m y o i i l l u s i o n n l
l a g n r q g a w p o j v l
```

potion   abracadabra   wizard

sorcery   spellbook   cauldron

illusion   alchemy   talisman

African Countries

```
l M u s s l N a n
l o S z n p w i c d
v z e c c j a s g r u
T a n z a n i a i e q o
s m e A u j f z b p r i c
q b g y j E t h i o p i a z
Z i a e M a d a g a s c a r
g q l e p w b e u A f i o w
h u d h u u M K z d r c a r
e Z i m b a b w e u M s y
y p o f j o g h E k t a
k i e s l o m l c a q
n g A m t v q v q y
m g T u n i s i a
```

Nigeria   Zimbabwe   Tanzania

Ethiopia   Madagascar   Tunisia

Algeria   Mozambique   Senegal

Cheese

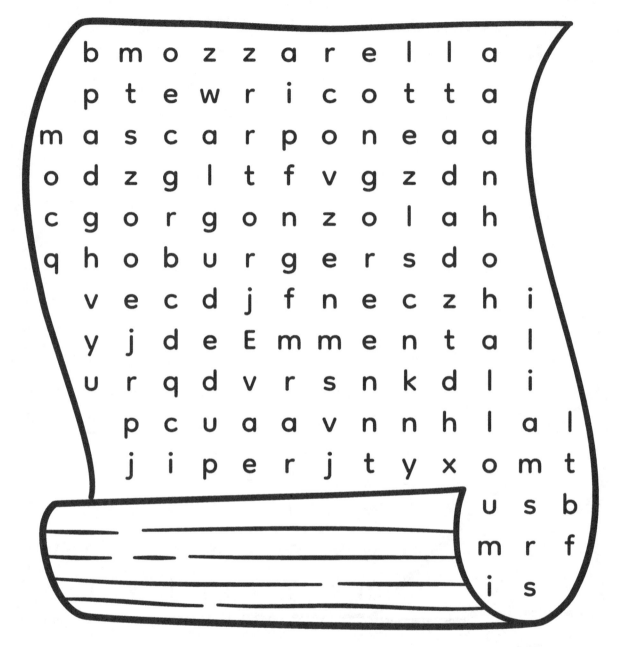

```
b m o z z a r e l l a
p t e w r i c o t t a
m a s c a r p o n e a a
o d z g l t f v g z d n
c g o r g o n z o l a h
q h o b u r g e r s d o
v e c d j f n e c z h i
y j d e E m m e n t a l
u r q d v r s n k d l i
p c u a a v n n h l a l
j i p e r j t y x o m t
                  u s b
                  m r f
                  i s
```

ricotta   gorgonzola parmesan

cheddar   mozzarella Emmental

halloumi mascarpone burgers

The Circus

```
i r y o y n o f o k e g j b
m j e l e p h a n t o p r a
o t m j i i w n e i b q i k
k e a n s t r o n g m a n m
r z g q c b s v e h z l g c
u n i c y c l e s t l n m q
a g c e d p g p c r k f a b
p v i h d p n o y o t f s e
v b a l l o o n y p c g t z
w r n h o z e p z e b a e k
a j y j r n f l c f b n r l
j q e b i s s q x o o o h s
v e i q l e g y s y r a c p
a c r o b a t a s d j n s m
```

elephant   tightrope   acrobat

magician   ringmaster   balloon

unicycle   strongman   popcorn

Furniture

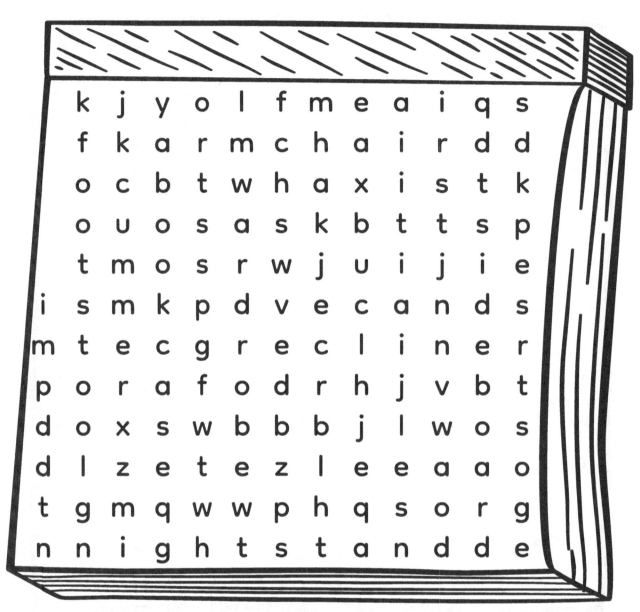

```
k j y o l f m e a i q s
f k a r m c h a i r d d
o c b t w h a x i s t k
o u o s a s k b t t s p
t m o s r w j u i j i e
i s m k p d v e c a n d s
m t e c g r e c l i n e r
p o r a f o d r h j v b t
d o x s w b b b j l w o s
d l z e t e z l e e a a o
t g m q w w p h q s o r g
n n i g h t s t a n d d e
```

armchair   bookcase   shelves

wardrobe   nightstand   recliner

footstool   sideboard   cabinet

Food

```
g j b o m j i e f o
c a u q g e h o a v
h z r u n d a z p r
e g r c s z m t d c
e n i h w a b e l h e y h s
s b t e v p u c h o r i z o
e m o e e a r b h w a d f a
b z i s y c g i v d p f f s
u c y e i c e d u e k a e l
r s e s q q r w d r k l o h
g h d t m q s o a m d l k c
e j g e j b e m s o w f l w
r q b a j w r w o h p y n g
p z j k a s a n d w i c h q
```

meatloaf cheesesteak sandwich

chowder   hamburger   chorizo

noodles cheeseburger burrito

The Ocean

```
c a r c e s h e f
f p b n k a w a e r
c o a s t l i n e d l
l c r a c t i t a l q p
r j n u n w n a u e d b l
r y a a z a k g m e g g a d
k a c a w t a i b e e o a e
c a l l s e a g r a s s q e
y u e h s r u p o f b c v p
v r n e n a m e p a y l w
d r i f t w o o d h h a
k e i a j u y s r a t
o n a u t i c a l e
d t i d v h t f r
```

barnacle   driftwood   saltwater

current   deepwater   nautical

seagull   coastline   seagrass

Rainforest Animals

```
r h b c p z a a d v e
p u g r h i b r j p m
i c m m o a n r m q a e
b b m y c r k h a u n i
y l i q o y i f d n t o
r l n r d h w l i t h r
d g d i j h s l q e a v
i b t l w p q l a r n q
g i g e p f m o f y g p
r a n a c o n d a u g i
d a o s a n t e a t e r
                    a f r
                    n u t
                    r v
```

panther   orangutan   armadillo

gorilla   hummingbird   piranha

anaconda   crocodile   anteater

- 53 -

Green Vegetables

```
c d k l r m l n o v r s a o
m w a t e r c r e s s i n n
r o l i j t k g a s j v q k
p a t s k m t f c o a f b k
a s p a r a g u s y m k r l
r i t s m j y t c r t q o n
t a y e d a m a m e c r c a
i g p z y e l r n g p k c q
c c z u c c h i n i m c o l
h c a z d v a a s k u a l h
o y y b u m r j e w p t i q
k t e y o m q v h h a i o b
e q g r b c a t p y p p a d
t b y a k o h l r a b i s o
```

broccoli   artichoke   zucchini

lettuce   watercress   kohlrabi

edamame   romaine   asparagus

Ships & Boats

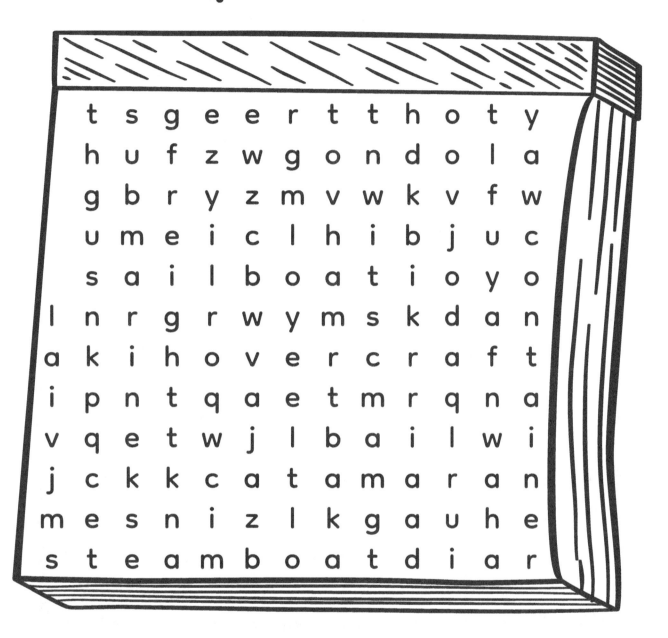

```
t s g e e r t t h o t y
h u f z w g o n d o l a
g b r y z m v w k v f w
u m e i c l h i b j u c
s a i l b o a t i o y o
l n r g r w y m s k d a n
a k i h o v e r c r a f t
i p n t q a e t m r q n a
v q e t w j l b a i l w i
j c k k c a t a m a r a n
m e s n i z l k g a u h e
s t e a m b o a t d i a r
```

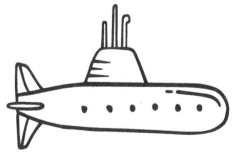

gondola   sailboat   hovercraft

rowboat   catamaran   submarine

container   freight   steamboat

Friendship

```
l  c  o  m  p  a  n  i  o  n
e  g  o  d  y  g  l  z  w  o
v  y  t  r  o  h  t  c  w  q
c  v  t  f  u  m  e  o  j  y
r  s  d  s  t  v  i  n  c  l  u  d  e  o
y  k  e  a  g  x  m  s  i  s  j  v  f  n
a  b  p  j  o  a  b  i  r  s  w  p  t  t
i  e  e  a  i  b  j  d  e  u  c  g  d  u
s  u  n  s  n  u  g  e  w  p  t  e  p  r
d  h  d  c  g  e  i  r  i  p  t  n  v  a
r  g  a  n  o  w  g  a  q  o  c  u  p  d
s  q  b  r  l  a  d  t  v  r  e  i  m  s
n  d  l  z  e  l  g  e  p  t  e  n  s  q
b  t  e  v  s  f  d  e  o  r  d  e  r  n
```

genuine   support   dependable

include   considerate   devoted

share   companion   outgoing

Weather

e f t s e m e d e
f r e e z i n g r l
l l m r h s a b i i s
b g p g u v s j i g z v
b c e n m l f s b h y z o
h u r r i c a n e t b z l u
t a a b d b d a h n q g q e
t q t q i y j d l i y g g s
c o u l t m z r f n g a a e
k r k y s c u s g g w c z
e n s q q m e g l z s v
b a a n t h u n d e r e r
l d m z l q j l k m
u o v e r c a s t

lightning   hurricane   humidity

tornado   temperature   drizzle

overcast   freezing   thunder

Latin America

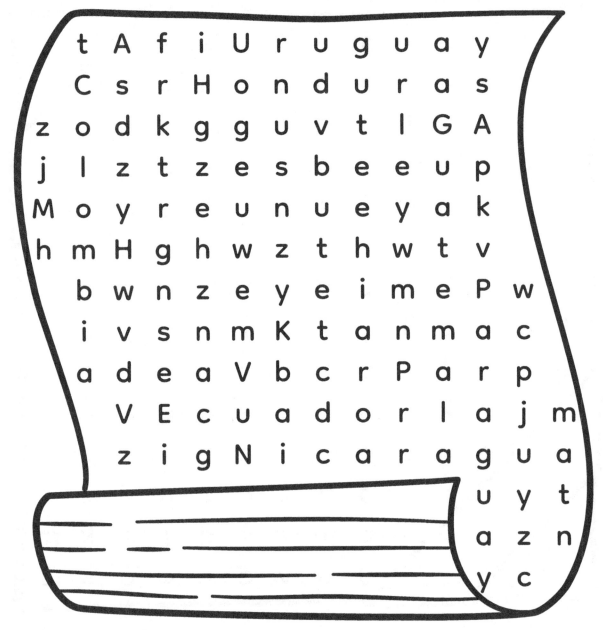

```
t A f i U r u g u a y
C s r H o n d u r a s
z o d k g g u v t l G A
j l z t z e s b e e u p
M o y r e u n u e y a k
h m H g h w z t h w t v
b w n z e y e i m e P w
i v s n m K t a n m a c
a d e a V b c r P a r p
V E c u a d o r l a j m
z i g N i c a r a g u a
                u y t
                a z n
                y c
```

Uruguay   Venezuela   Honduras

Ecuador   Guatemala   Paraguay

Colombia   Argentina   Nicaragua

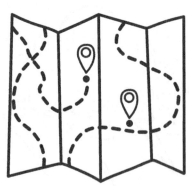

Instruments

```
h s p p v x g p x f n w b t
a j c t c l a r i n e t v x
c s d w u r l p z e q n a o
c u z u a n e l f f k p s h
o x y l o p h o n e k n a p
r u n p v g r x n z d v x e
d b i u n e n i t o m w o q
i k s p k o r x o n a r p f
o g w t r u m p e t r n h t
n i i d o r l c m i a j o n
u a m b r c g e u p c p n u
q h m l e k e t l j a b e v
h a r m o n i c a e s e h h
t e j p w c a k n g f n r i
```

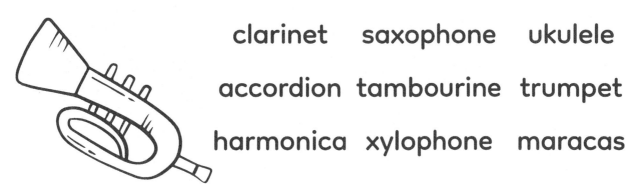

clarinet   saxophone   ukulele

accordion   tambourine   trumpet

harmonica   xylophone   maracas

Memorial Day

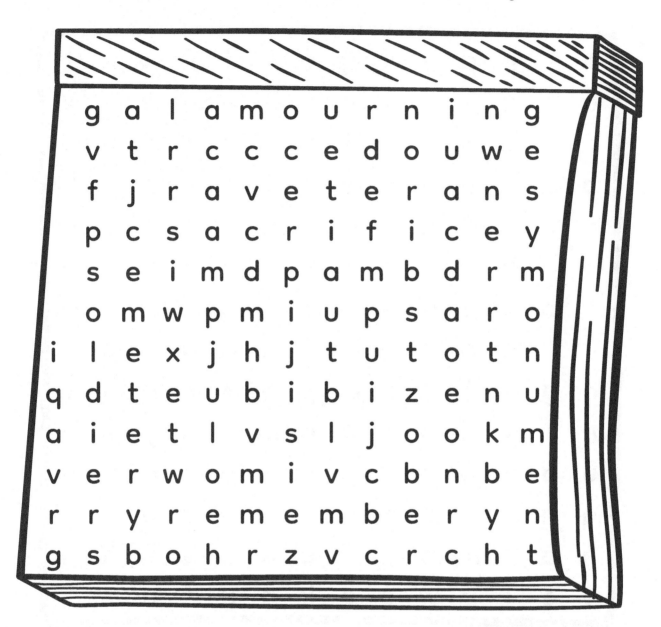

```
g a l a m o u r n i n g
v t r c c c e d o u w e
f j r a v e t e r a n s
p c s a c r i f i c e y
s e i m d p a m b d r m
o m w p m i u p s a r o
i l e x j h j t u t o t n
q d t e u b i b i z e n u
a i e t l v s l j o o k m
v e r w o m i v c b n b e
r r y r e m e m b e r y n
g s b o h r z v c r c h t
```

veterans   remember   soldiers

tradition   cemetery   military

sacrifice   monument   mourning

Beach

```
c j i p v b p b s p
m a p d l o a o w k
q d u k z a l a p p
r a e y l r k l s s
s u a t a d a k e r i b j f
t b v k k w z t l y y c g e
a q d z u a h t s u b z l r
r h d g u l g s p j t a b e
f s n o r k e l p m q q l g
i r y g g f i s h i n g e l
s b n g o o u c h e p d e e
h l y l o i p z m k r w b i
u k b e l i g h t h o u s e
c p t s w k f r j t z d g j
```

fishing   lighthouse   snorkel

goggles   boardwalk   towel

popsicle   volleyball   starfish

Camping

```
a  b  p  m  p  v  c  h  i
c  a  p  g  o  u  a  e  a  j
t  c  g  b  c  l  m  g  e  m  a
o  k  r  i  k  c  p  l  f  i  m  z
g  p  m  n  e  a  f  q  l  b  h  o  o
p  a  b  o  t  r  i  z  a  w  s  r  c  k
a  c  g  c  k  r  r  m  s  e  z  j  l  k
t  k  n  u  n  b  e  a  h  m  n  l  o  u
u  h  w  l  i  q  y  c  l  c  u  u  n  z
n  e  a  f  j  t  g  i  g  i  f  y  u
n  r  e  a  s  h  g  c  l  d  j  l
s  m  z  t  e  h  e  w  t  a  r
u  o  p  q  t  r  d  d  d  m
v  s  c  o  m  p  a  s  s
```

compass   flashlight   backpack

hammock   pocketknife thermos

campfire   binoculars   matches

Vegetables

```
i a j g l f k t r c s
o s b z f b n r h c w
m k p a d l a p a u p e
r s a s i l u u p b a e
d c r w p u u m q a r t
j e a g j n r p e r s c
r g i y q d k e b n o t
e u z o s f i l p i r t
g s u t n a n r w p n r
  m u s h r o o m s e c r
  c a u l i f l o w e r y
                  a g s
                  e g q
                  z n
```

rhubarb   mushrooms   peppers

sweetcorn   cauliflower   parsnip

eggplant   asparagus   pumpkin

American Football

```
r v h t b z k l q p p p y i i
h k o u s q k i f b h d i u
a t d o d t p l a y b o o k
q o a b r d g k o y n j k d
l u g g i q l h p w h c s o
r c r e f e r e e z a z e o
j h c p t y p u q b e r o v
p d b h m j t e r n n k p e
x o e s l i n e b a c k e r
g w p c r b t n i n q o n t
c n b q b r q c n u j q a i
f v s t a d i u m m r x l m
d k h u f o b c i t q p t e
y s q b o b p p l g f d y c
```

penalty   touchdown   playbook

referee   quarterback   overtime

huddle   linebacker   stadium

Music

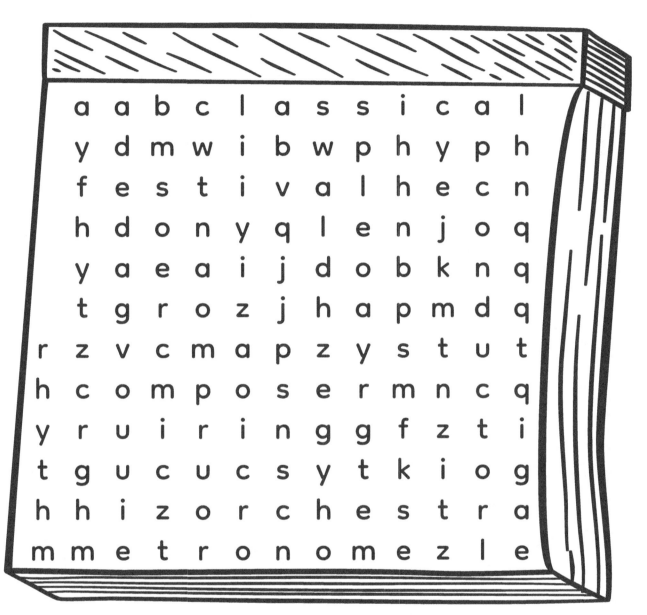

```
a a b c l a s s i c a l
y d m w i b w p h y p h
f e s t i v a l h e c n
h d o n y q l e n j o q
y a e a i j d o b k n q
t g r o z j h a p m d q
r z v c m a p z y s t u t
h c o m p o s e r m n c q
y r u i r i n g g f z t i
t g u c u c s y t k i o g
h h i z o r c h e s t r a
m m e t r o n o m e z l e
```

conductor   orchestra   harmony

classical   microphone   festival

composer   metronome   rhythm

Herbs

```
r c h e r v i l s g
h v m o g f a o p u
y c o r i a n d e r
t o h u e a l r a i
a t u f g h c g r m r c q h
r w o e v t p p m a i i o s
r b r n v a e d i t f l j w
a o d d l e m o n g r a s s
g k s c f i g c t d z n p d
o o q e g v q i w t d t a b
n y k p m y u h d c u r e z
f e u i d a j z h l s o g y
u z e i m a r j o r a m o h
a a t a j l v y z h e e a r
```

cilantro   rosemary   spearmint

chervil   lemongrass   oregano

tarragon   coriander   marjoram

Ancient Rome

```
j f p a n t h e o n
s a o g m j h y q a c
a m p h i t h e a t e r
b y j t a a a k b r n a s
c t f r d t g z u w s o f t
h h g l u i h l j t u v f s b
a o g h n j v n a a s a t g g c
p l e y b g j k r d f o d y q o
r o e m p e r o r g i l k w k l
q g h g d u v m i r v a n g c o
  y h p p s p m a l p w t i l s
    d a c n i h c d y d d o p s
      f l e c k z z y e i f r e
      p b i n t m j t s s c u
        i a q u e d u c t m m
        o m s f t b e t p c
```

mythology   gladiator   aqueduct

emperor   amphitheater   census

pantheon   colosseum   chariots

Art

```
s t q l k y g f u q d d d
a w f g l a n d s c a p e
o p m l v k a w z c t i z t
q p b l u j h e o u a z i u
s a b s t r a c t l c a h g
c l a e w g f v q p r e v a
p e f e x h i b i t i o n l
t r m p z o f r u y q k l p
t d a m j u o a r b b j e r
e n b m f p n g e i l o r i
i x x i r y h w q u o y c
j k v c c t g c u l q h e c
t g z c c s y x z h v t l a
                    a e i
                    u s p
                    g s
```

portrait   sculpture   ceramics

palette   exhibition   abstract

gallery   landscape   priceless

In The Kitchen

```
s d r a w e r s o y k e l c r q
b i x c h b g e q q o l r u o l
r s m n k z u q v t r x i p d m
m h o a y i c b z n e d m b g m
d w d x o l i o r y m e s o m i
v a w k d c a j r f j p m a g c
c s f p i z z h g k w x h r v r
c h l f m c p u o p s x w d j o
p e u r k w d u w a d c s o o w
o r e f r i g e r a t o r t r a
c r z b h m y u b n y w c e x v
n j f s a y p d m x j j t m w e
a c o l a n d e r u t s a g f h
r p o a e q h v i m a x e y z j
k g a k l e q i v o v n a q p x
y n u v v f r s t r a i n e r p
```

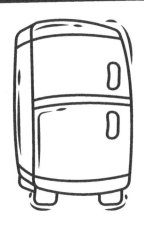

corkscrew	dishwasher	drawers
cupboard	refrigerator	toaster
colander	microwave	strainer

Car Parts

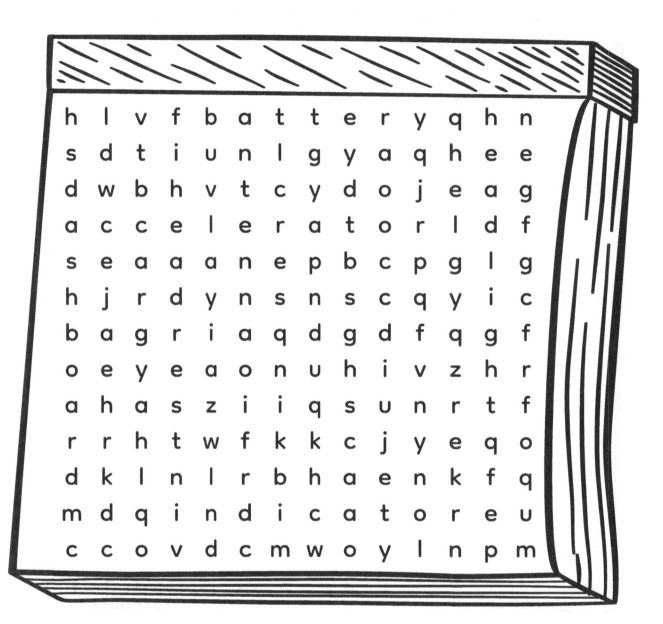

```
h l v f b a t t e r y q h n
s d t i u n l g y a q h e e
d w b h v t c y d o j e a g
a c c e l e r a t o r l d f
s e a a a n e p b c p g l g
h j r d y n s c q y i c
b a g r i a q d g d f q g f
o e y e a o n u h i v z h r
a h a s z i i q s u n r t f
r r h t w f k k c j y e q o
d k l n l r b h a e n k f q
m d q i n d i c a t o r e u
c c o v d c m w o y l n p m
```

battery   windscreen   headlight

antenna   accelerator   indicator

engine   dashboard   headrest

Travel

```
r m j v l k a d f n a d
s u c q q t v s u n r g
b z a u e l r j e a s a
a p m b s t u s c a i u
c n p u e t b t w l i r n f s a
k s i g h t s e e i n g p w v d
p p n n w o o j y r g e a o h a
a m g o p d u d u k a d c f r p
c c w s a w v v h n r i q w i t
k y n o b u e k j z e a v v s e
i e a d v e n t u r e r l z w r
n f a q u h i d w s t t a y z l
g d f w n q r j v a b h v f j c
u s d r e k p r r g u f s a f h
e j v r f a j m o n u m e n t i
b q t r q s h o u r g j g v s z
```

postcard   sightseeing   souvenir

adapter   backpacking   airport

monument   adventure   camping

Asian Countries

```
d f h M y g n q a l
h c g a z f r t g N d
P h i l i p p i n e s e
m a u a a f f p a f c n e
o o q y q k q u w o b r i t
p L s s P m T s b i o r v k t
i r n i h q a h m p o y g B p u
j M a a k u t f a e o d n a e M
k n l w a v B g n i p b w n l o
t c f l t g n a k i l a s g l n
M a l d i v e s m p a y l y g
s m S o i o e g u k n a u o
j f h c d l q o o a d y l
C a m b o d i a i e d i
k a l n d o n e s i a a
k b r m w n m h f u
```

Singapore   Indonesia   Maldives

Malaysia   Philippines Mongolia

Thailand   Bangladesh   Cambodia

At The Airport

```
o s y t r a n s f e r l o
p l s o p l t u g j p z d
n e q t r w n z i k m a r p
p a s s p o r t t g n t h a
i h r e p h u h c w q j r s
g m b i c n q o a r n a t s
t g h z l u u v s e s l o e
h d h z a r n e v e k s n v
q z m d e z i i b y y d g a
j b d e p a r t u r e f e i
f u s k j a q y v m u r r
o a s t e w a r d e s s p h
n b r s i t j l d l e a l c
                      o a m
                      d n u
                      i e
```

security   stewardess   suitcase

transfer   passengers   passport

seatbelt   departure   airplane

Thanksgiving

e p c t e r j m c u y r c m e r
b k t d f p m c o r n b r e a d
s t n o f g o o o k w k a n d n
t g z o e d g g v h b w n d p s
j z j m y g y p o h v e b n m h
b s a f o r g w r c m y e i a h
b t y c f a e u r z n i r o y o
u u a l w t o u k b u g r i f f
p f v o d i q k n l l g y j l z
y f v d n t m c q i m y i a o g
u i f e k u y p p q o k r s w o
j n o p a d i k f s w n g d e r
r g a t h e r i n g q m d a r p
l w m i v q d r y u e e j r p v
c g l d k b s a t d p c n h w l
s o c q c a s s e r o l e j o u

reunion   cranberry   gathering

gratitude   stuffing   mayflower

pilgrims   cornbread   casserole

Desserts

```
c a d o m a c a r o o n s h
h y c j d h v d v s k h p m
e g h a b h a h k n q a r s
e y u r y r w e q m u i o a
s t r c g s o u f f l é f c
e o r j j l h w l p q u i b
c j o s q u b u n c s m t e
a e s y o p o p s i c l e i
k b y k g y d p m u e m r b
e q g h s j d a t h h s o a
z g i n g e r s n a p s l m
i u i g a i f w l t e t e o
h d d o t s d t j o k p s o
```

brownies   cheesecake   popsicle

tiramisu   gingersnaps   soufflé

macaroons   profiteroles   churros

US States

```
K r h o p v d e z y d g
e c O W y o m i n g s u
n t k n w a p o K W m e
t n l k f g p w p a v g
u M a s s a c h u s e t t s t P
c w h h z z t o o h b s i r d e
k g o o o w i a k i k o l b P n
y k m d n t p i s n s m i c r n
d j a p v f f e t g d g c a o s
V o w f u d t c a t q E t s e y
t e b e l g v d i o q M n w z l
o r r v l q i q l n l p j f y v
h W g m f r C a l i f o r n i a
s n o w o l b h e w d k l s s n
a g g l u n O r p t e o o s s i
p t F o u e t j r j k p f p a a
```

Kentucky   Washington   Wyoming

Florida   Massachusetts   Vermont

California Pennsylvania Oklahoma

Italian Food

```
r y f a n r n i o s
m d d w g e a s y f c
r i s o t t o e n d a b
g v n i n s g a l m z m q
z t k e d s c t g h l j f t
m f l p s j s p a g h e t t i
z o b g p t g o s n j s e o i l
p h c b y k r o g q x m g r a m
i o g y c p r o s c i u t t o a
y n w m q n y y n s a q n e m c
c y r z a k t h e y s y l z a
M a r g h e r i t a q l v r
t i n z z k k a e l i z o
n c a n n e l l o n i n
n g b w c j s k i t i
h t f j j y k a t a
```

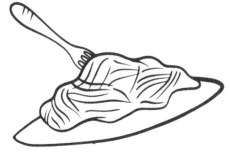

spaghetti   prosciutto   polenta

cannelloni   Margherita   risotto

tortellini   minestrone   macaroni

Emotions & Feelings

```
t  m  v  f  q  d  y  e  q  k  l  c  i
q  n  s  u  r  p  r  i  s  e  d  o  i
e  h  j  z  a  n  f  f  c  k  i  y  n  j
e  m  b  a  r  r  a  s  s  e  d  l  f  k
v  v  v  y  w  f  d  w  t  e  e  e  i  d
g  g  r  b  l  h  q  i  t  a  t  q  d  i
o  r  e  h  c  p  g  i  t  s  e  j  e  s
k  a  v  u  f  c  g  c  l  r  e  n  a  e
f  d  t  e  x  p  q  g  x  m  w  t  p  x
i  k  o  e  y  y  c  g  y  i  t  i  p  h
c  o  n  f  u  s  e  d  n  l  w  o  a
o  v  j  x  u  w  d  g  e  b  m  i  u  k
q  y  h  e  c  l  f  w  d  b  c  n  s  q
                                 t  t  c
                                 e  e  l
                                 d  d
```

confident   determined   exhausted

grateful   disappointed   confused

excited   embarrassed   surprised

Buildings

```
y a h k u c c g y n p i n k y r
p s y o h n k l i b r a r y i v
z t y b s p v q m d l m r p f n
t a m m c p w r h y g o k g n b
l d i k c c i r c s t k b u e e
v i b d q u o t u c k r v i s j
v u a z m o i h a q s e d b k u
e m h p o d i f k l o s h h y b
s p a e u t h b y y e t q j s y
p h a r m a c y g h s a r x c u
j c t d x f e k u a o u w v r g
p u e b f t l a u n d r o m a t
h f g e k y h z z t d a o o p u
f t l m w p c f j o r n e f e k
p s u p e r m a r k e t y e r y
c v a d o c d b n l o u q a a m
```

stadium   supermarket   library

pharmacy   laundromat   factory

restaurant   skyscraper   hospital

Shapes

```
v r m c r e s c e n t z r e
p p l n f n x p a p t u w s
e e z y i r e c t a n g l e
n y z h l a e q a g o b w m
t p i b e t c a e g j c q i
a r i o e x c r u l q y w c
g v p h m e a l r a u l x i
o h e k k u v g h i n i b r
n o m p q a p z o r s n c c
c z k s f l x c m n c d z l
b u e r i t h x b e a e t e
t r i a n g l e u r d r t k
c e e z k y f j s v g l p z
```

triangle   rectangle   square

rhombus   semicircle   cylinder

crescent   pentagon   hexagon

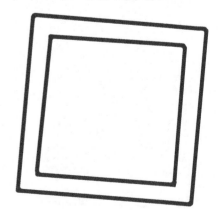

Classroom Objects

```
p o c a f e g m p a s n
r e q o m t p s s l q k
k m n p f f b t w p b l
b l a c k b o a r d b b
a d o b i i n p y c r k w t r r
q s s q q l u l z h n d t o x l
m c i x q l s e s f c m t p z w
y i l w t n s r m y z a f i j h
h s i b x q r n w h l r w l y i
g s o p e l x z d u r k m i d t
q o a r t h h n c n b e i k u e
p r e s n x x l e y e r d i y b
d s i p c r a y o n s s n n e o
a r h l b c z h n p c m h q w a
t e x t b o o k s a d u h g d r
d u t t z g k d i i x o l p j d
```

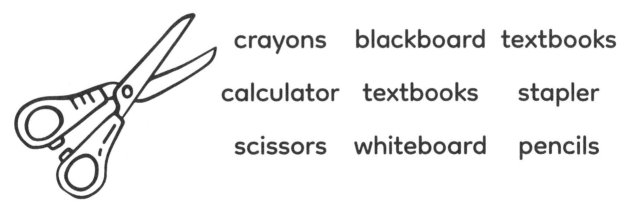

crayons   blackboard   textbooks

calculator   textbooks   stapler

scissors   whiteboard   pencils

Shoes

```
a m o c c a s i n s
l g u u e l d l u q w
f t r m a j s c i d b f
n r t d n t g s h p n d p
l a n j g n s t l c p a h k
n a e f n s h i l m a e r t q
s d g l s g f l c c a s r d s e
b i v u i h h e s e k p z s b j
y i o z s o s t n k z a i n a u
w e l l i n g t o n s d o e u o
  a b m v g l o w o j r i a z x
    o i v c s s s h d i c k x f
      p n p r a h v n l k e u o
        o y p g o k q l t r i r
          g p x e v t e z s a d
            b o s f r s p z o s
```

sneakers   snowshoes   slippers

sandals   moccasins   oxfords

stilettos   espadrilles   wellingtons

Sports

```
a f c w r e s t l i n g r
a y c o l k f m i z n j w
f b z m a t h l e t i c s f
f a s s o l h j m c z i f y
j s q t u v q z n b u a f b
u e j c d r i e v q y b g a
n b s t g u f t v z q m y s
a l b a d m i n t o n g k e
l i x z w t t n t n s m e i
l l o i v n j r g c j l t n
  s w i m m i n g j h j b k
b f d z x t t w t g z a y c
b h u v o l l e y b a l l u
                    l e l
                    c s d
                    u i
```

fencing   basketball   surfing

volleyball   swimming   athletics

baseball   badminton   wrestling

Insects

```
a m d s s d e r u z b g s y k b
f b c g p c u s v e v r e o z l
q s c a t e r p i l l a r b m o
m d m l o n b q t i a s s u d k
o g b g o t g n r k f s h t n n
s u w v g i a r k s l h g t t a
q m z b v p f y o w a o h e e y
u l p m d e h j r k t p u r l o
i a a u t d z y p l z p m f j n
t p c d k e i v m n u e e l u t
o k n r y t e m c q s r o y z e
b d c n q b y f g s i p o s a r
y y n l w t u i a f z p d f h m
w i y l r t c g s o a b o b j i
u p s a c t l u q j e q q f y t
s d r a g o n f l y c e y n a e
```

termite   grasshopper   firefly

ladybug   centipede   mosquito

butterfly   dragonfly   caterpillar

- 84 -

The Middle Ages

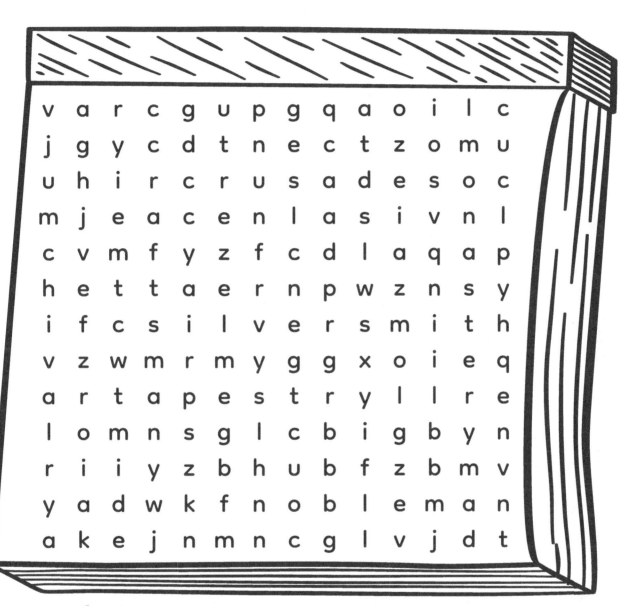

```
v a r c g u p g q a o i l c
j g y c d t n e c t z o m u
u h i r c r u s a d e s o c
m j e a c e n l a s i v n l
c v m f y z f c d l a q a p
h e t t a e r n p w z n s y
i f c s i l v e r s m i t h
v z w m r m y g g x o i e q
a r t a p e s t r y l l r e
l o m n s g l c b i g b y n
r i i y z b h u b f z b m v
y a d w k f n o b l e m a n
a k e j n m n c g l v j d t
```

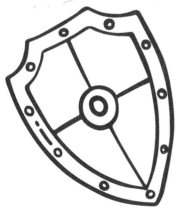

peasant   monastery   nobility

crusades   silversmith   tapestry

nobleman   craftsman   chivalry

African Animals

t a p c r o c o d i l e
c v m c v o s e a v h u
u d z n q z e z o d h r
c s g a z e l l e i p o
h z q i b d d t e r c s o k h
i y e k r e n r f v j h f c c i
m y n m o a m l a l g e e e h p
p r r v h s f j r n z e j s q p
a y o p m q w f v t t t x f m o
n v e d q f m e e r k a t v e p
z l p a c u o b j k f h m e n o
e y s s d r d i p z k e m f d t
e f s k i q v a d i l e b q t a
v n r h i n o c e r o s c h y m
u k d p h g n u l v i g y d r u
o a l d a a y k r t i b k a a s

giraffe   hippopotamus   gazelle

cheetah   chimpanzee   meerkat

elephant   crocodile   rhinoceros

Hobbies

```
v a r c t d j m h r
n r q a k g f q w f e
o k y l m r k h n s c a
a u w l d n i b n b o k d
b r z i k p o t t e r y s i
d w t g p p m l m d w b m g n
e m b r o i d e r y s a q m w g
i c l a a x a b j u g k a j f y
m n i p n i i w v i p a p u k m
t l p h o t o g r a p h y g k n
r d y w u j o c x u u e g l a
h s p m e f g g q f o l s s
o k e p b g a v p j i e t
f a i u m v j e t n a i
g a r d e n i n g g c
k m q g k k s e y s
```

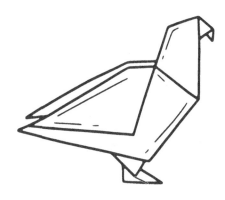

reading   photography   origami

pottery   calligraphy   gymnastics

gardening   embroidery   juggling

- 87 -

Fourth of July

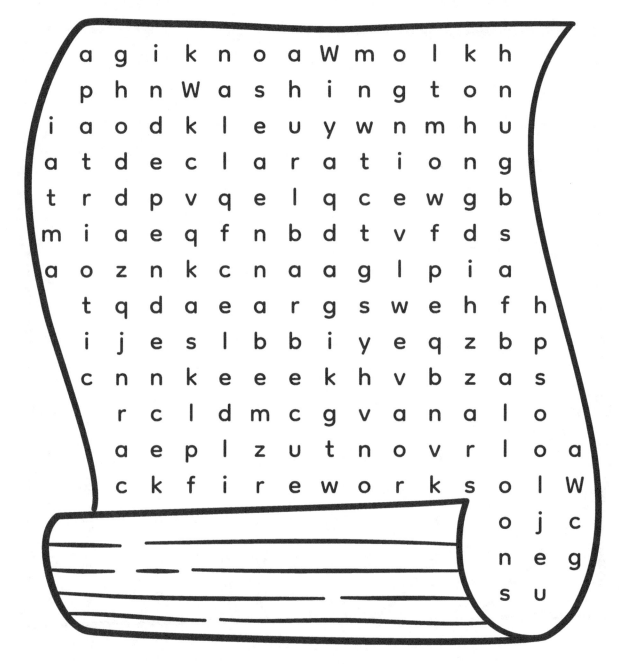

a g i k n o a W m o l k h
p h n W a s h i n g t o n
i a o d k l e u y w n m h u
a t d e c l a r a t i o n g
t r d p v q e l q c e w g b
m i a e q f n b d t v f d s
a o z n k c n a a g l p i a
t q d a e a r g s w e h f h
i j e s l b b i y e q z b p
c n n k e e e k h v b z a s
r c l d m c g v a n a l o
a e p l z u t n o v r l o a
c k f i r e w o r k s o l W
                          o j c
                          n e g
                          s u

patriotic independence barbecue

celebrate Washington balloons

declaration fireworks baseball

Fruits

```
a o s p i l k g o s r l d b e a
b t a b l u e b e r r y o b q l
g l e e a i k t i e a k v c v j
e m y k w c a g j t e n f c w a
l h j j c a a y y s t j g q b c
f s v u y t p g p l t s l e q k
p t s a l d r f j l u c r i u f
r r p a s s i o n f r u i t n r
o a l u n c c k g u i z z k q u
p w v q m e o d n n f u y h m i
p b m s w a t e r m e l o n q t
g e y z i w o r q r b j e e g k
u r u v j u r d l w m q z v m h
y r f z a t n e u q a p q p i q
e y q n z r b x j f t m c w u b
s i d l j b l a c k b e r r y n
```

apricot   watermelon   papaya

jackfruit   passionfruit   orange

blackberry   strawberry   blueberry

Earth Day

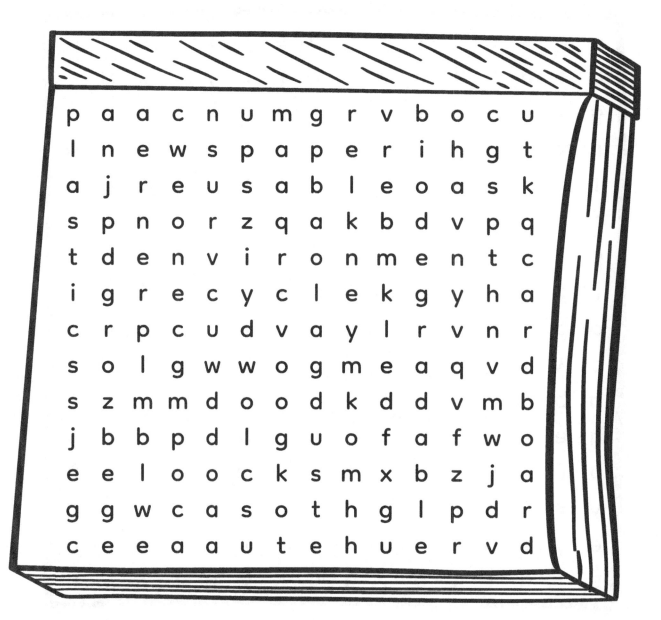

```
p a a c n u m g r v b o c u
l n e w s p a p e r i h g t
a j r e u s a b l e o a s k
s p n o r z q a k b d v p q
t d e n v i r o n m e n t c
i g r e c y c l e k g y h a
c r p c u d v a y l r v n r
s o l g w w o g m e a q v d
s z m m d o o d k d d v m b
j b b p d l g u o f a f w o
e e l o o c k s m x b z j a
g g w c a s o t h g l p d r
c e e a a u t e h u e r v d
```

recycle   biodegradable   plastic

ecology   environment   reusable

compost   newspaper   cardboard

Jobs

```
d s a b k e a c o k a v
a e k c t t a q b g l r
f c n y i b r n d i e h
c r y t p y c r j d v a
m e c e i f h h n s a j y o e b
s t v p c s i e g j s e c u l l
z a w j q w t k v o t o e g e g
o r w d b r e e q a r z s y c i
m y t n a g c h w t o d c n t n
y e a b y q t e r f n w i e r u
j w d a k z m p a r a m e d i c
i o e s a b e t s q u v n o c h
f f d r g b p w q g t h t a i u
l i f e g u a r d c f p i h a n
b n a s v z r e a a f z s k n z
i e q a o u f p j e q c t m l m
```

lifeguard   electrician   architect

astronaut   secretary   bartender

dentist   paramedic   scientist

Summer Games

```
e  y  i  a  d  o  m  w  s  u
q  r  h  j  g  b  a  p  r  d  p
u  c  o  m  p  e  t  e  z  e  w  h
e  g  c  j  l  i  h  g  k  d  s  y  t
s  w  u  m  y  a  l  f  t  u  s  t  r  k
t  w  s  o  a  p  e  n  t  a  t  h  l  o  n
r  b  u  l  e  o  t  d  g  t  r  e  g  i  b  n
i  n  u  q  j  d  i  z  g  h  t  a  q  o  n  l
a  n  e  n  h  i  c  b  i  l  f  u  z  r  t  g
n  c  a  z  b  u  s  j  z  e  i  y  f  o  y  c
d  v  g  y  m  n  a  s  t  i  c  s  r  b  e
h  u  u  z  r  k  b  e  y  f  e  o  c  u
t  v  z  o  e  w  s  a  h  h  a  q  m
y  p  z  f  c  t  c  a  m  j  f  f
h  c  m  i  r  n  j  v  e  j  y
e  u  a  m  i  h  e  c  l  b
```

podium   gymnastics   athletics

wrestling   pentathlon   equestrian

athletes   archery   compete

Space

```
t  b  c  s  a  s  t  r  o  n  a  u  t
e  a  t  c  e  l  p  d  p  s  e  t  v
t  l  o  b  s  e  r  v  a  t  o  r  y  d
z  e  y  v  a  m  y  n  s  c  t  m  y  g
k  s  j  o  s  l  o  k  c  z  e  l  p  y
a  c  c  e  t  a  i  l  z  d  m  s  u  g
v  o  i  p  r  j  i  w  u  j  z  m  h  l
p  n  s  o  h  u  a  s  t  e  r  o  i  d
e  e  q  n  n  c  e  z  m  a  z  u  g  p
b  e  d  o  e  l  d  m  p  f  u  v  h  a
a  t  m  o  s  p  h  e  r  e  v  t  t
f  y  e  s  l  s  r  k  v  m  s  y  i  e
o  s  r  s  a  t  e  l  l  i  t  e  h  h
                                    a  n  f
                                    r  f  u
                                    e  a
```

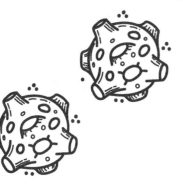

spaceship   observatory   satellite

telescope   astronomer   astronaut

asteroid   atmosphere   lightyear

Electronics

```
a c e b a g u v p o d t k f n o
m n y d s m a r t w a t c h q f
e m r f m k y a n l s l m d u z
d w g w a a v e f l h a q y q p
d t b v r e d a s z e o b c y r
p r f e t o k t a z a f e c w o
i h m g p q u e k o d u g t b j
i a d h h v e l y c p q a d n e
c b z i o a h e d b h o r f v c
e s v i n c p v m m o u z y c t
n y e l e q v i i r n a m w q o
m a r l b d d s i g e g r h t r
j k p g j e m i a r s a u d a f
a f p q w v c o m p u t e r e o
u p s w o o b n g a n q b u j a
m o n i t o r e t g o s s o h a
```

computer   smartphone   keyboard

television   headphones   projector

monitor   smartwatch   camera

- 94 -

Summer

```
g f j v a s w i m s u i t s
s r s m a c t g j r e i a o
u p u z a c m w a v l t f e
r h n w e j a o z l c g d a
f v g c a g k t e p e a w a
b y l q d v m s i s n q g c
o w a t e r m e l o n g e a
a d s d z t l a m d n j i m
r y s u e z l e z s c g j p
d m e n p s l l c r j g o f
f h s p r i n k l e r s s i
a s e h d z g k l r p h j r
s u n s c r e e n n n f h e
```

sunscreen   sprinklers   lemonade

swimsuits   watermelon   vacation

campfire   sunglasses   surfboard

New Year's Eve

```
l a e m s s y o f e m v
f l q k m p l i c j i h
c h a m p a g n e s d l
n e b i i r u a l o n e
a u r p r k d z e q i l d a f m
k r e c f l n f b s g i l c i o
c o s m p e l j r g h n a q r g
m a o o y r o q a g t v l e e n
j l l l v s y r t z n i a z w u
s z u e n e l n e s e t o o o s
s h t k n v n b j e n a d k r h
a x i w p d o v c a s t f a k m
c g o d n b a l r k n i l e s d
e e n q j e d r c u s o n c n a
j c s r k q b t o q h n w p c y
h o k m p k p c o l a y g f t n
```

fireworks   countdown   celebrate

invitation   champagne   calendar

midnight   resolutions   sparklers

Transportation

```
j  p  t  r  i  c  y  c  l  e
g  d  a  f  g  f  j  a  a  u  a
a  f  t  s  s  m  b  d  m  q  a  n
k  u  j  r  p  d  b  v  b  b  o  a  t
i  n  f  r  a  s  t  r  u  c  t  u  r  e
u  i  e  c  c  b  e  z  l  r  r  a  p  o  s
f  c  f  t  e  n  r  n  a  b  j  q  p  h  k  f
b  u  u  d  s  g  s  p  n  t  q  c  o  l  a  l
f  l  p  l  h  t  k  w  c  l  r  m  d  o  t  k
p  a  y  n  i  a  m  c  e  c  k  a  h  f  e  c
r  v  m  p  h  m  q  a  k  v  j  i  j  b  o
   i  t  p  o  z  j  x  e  s  l  h  n  o  b
   t  r  a  f  f  i  c  k  t  d  y  a  p
   s  e  a  t  t  r  n  c  z  c  r  t
   b  r  h  o  h  g  b  y  n  d  i
   k  f  h  r  o  a  a  t  h  e
```

spaceship   skateboard   forklift

train   infrastructure   traffic

funicular   ambulance   tricycle

At The Hospital

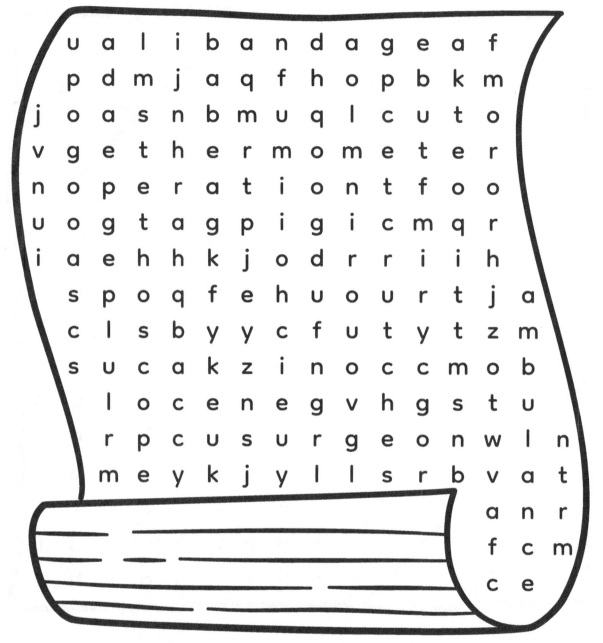

```
u a l i b a n d a g e a f
p d m j a q f h o p b k m
j o a s n b m u q l c u t o
v g e t h e r m o m e t e r
n o p e r a t i o n t f o o
u o g t a g p i g i c m q r
i a e h h k j o d r r i i h
s p o q f e h u o u r t j a
c l s b y y c f u t y t z m
s u c a k z i n o c c m o b
  l o c e n e g v h g s t u
  r p c u s u r g e o n w l n
  m e y k j y l l s r b v a t
                      a n r
                      f c m
                      c e
```

crutches   ambulance   operation

bandage   stethoscope   uniform

surgeon   thermometer   doctor

Flowers

```
d u g c b u t t e r c u p s o j
e e g y v s t q e e d r q c d i
a m e n c y t w d z p t a z m g
o c r q b d o a x b e t k i n a
b s a v b l r g m e w b u q l r
l h n n f x u m k u o r c h i d
m m i n a d w e b a b s i u l e
q k u n o a m g b s e b b z c n
b s m i h f n o b e l q i e s i
l s i g t f h g i e l e m h t a
b r d c y o a z b j f l l q k p
a b w v u d l f i c l m a o l j
y h h u a i f r o f o o p n h k
v l p b z l q j l n w y k l b f
p o z e a b z i o a e r p e m k
c a r n a t i o n g r l e o s a
```

sunflower   daffodil   orchid

bellflower   carnation   geranium

bluebell   gardenia   buttercups

Science

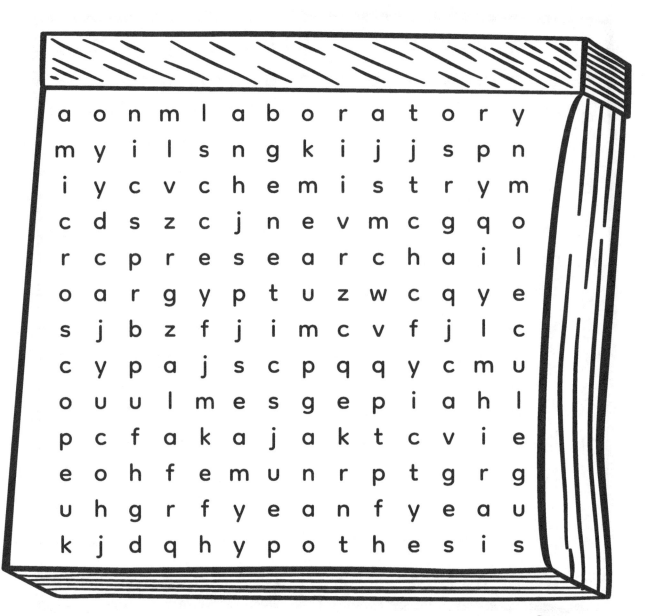

```
a o n m l a b o r a t o r y
m y i l s n g k i j j s p n
i y c v c h e m i s t r y m
c d s z c j n e v m c g q o
r c p r e s e a r c h a i l
o a r g y p t u z w c q y e
s j b z f j i m c v f j l c
c y p a j s c p q q y c m u
o u u l m e s g e p i a h l
p c f a k a j a k t c v i e
e o h f e m u n r p t g r g
u h g r f y e a n f y e a u
k j d q h y p o t h e s i s
```

molecule   chemistry   laboratory

pipette   microscope   particle

research   hypothesis   genetics

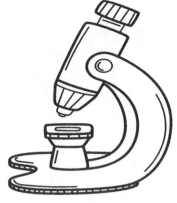

1 The Human Body

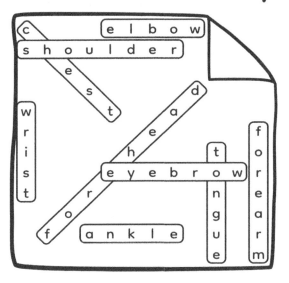

2 Breakfast

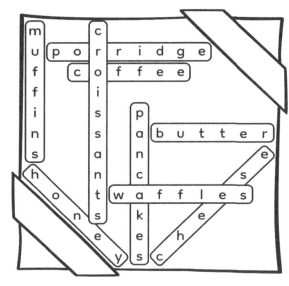

3 On The Farm

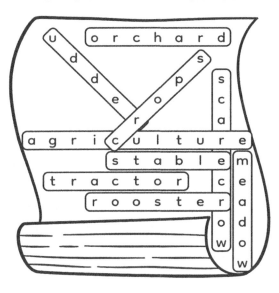

4 Fire Station

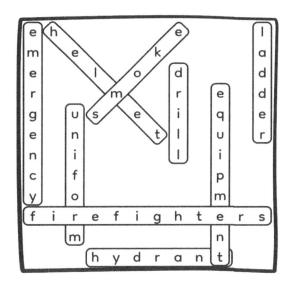

5 Pets

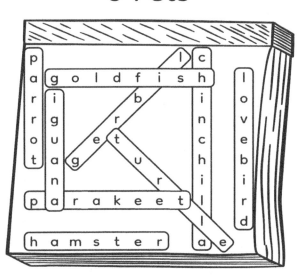

6 Bathroom

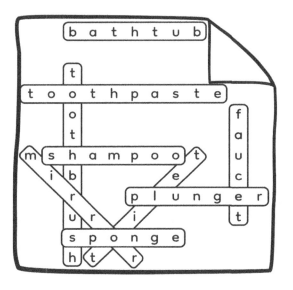

7 The Solar System

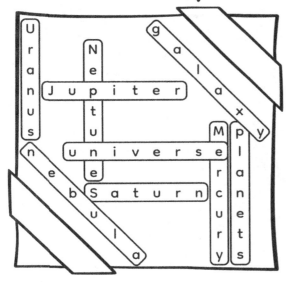

8 Trees

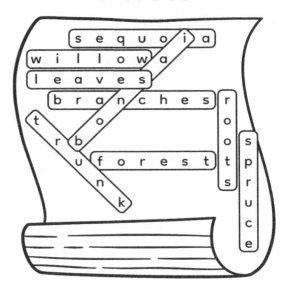

9 Farm Animals

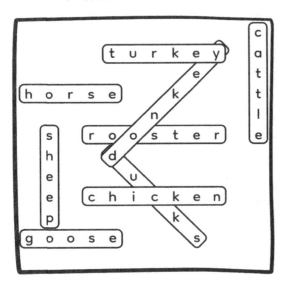

10 Painting

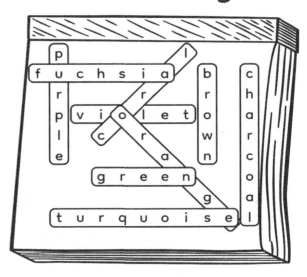

11 Cats

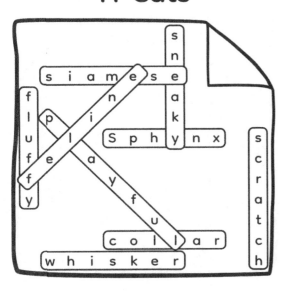

12 Horses

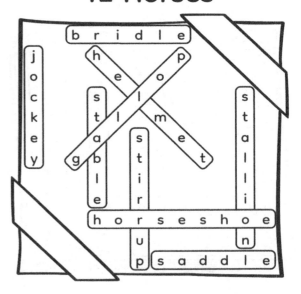

13 Nature

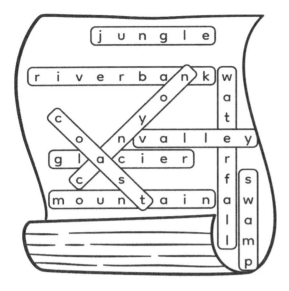

jungle
riverbank
waterfall
valley
glacier
mountain
swamp

14 Chocolate

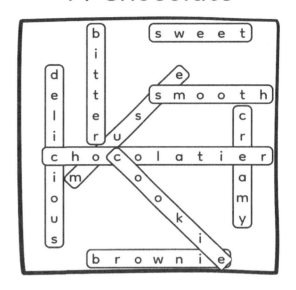

bitter
sweet
delicious
smooth
chocolatier
creamy
cookie
brownie

15 Baking

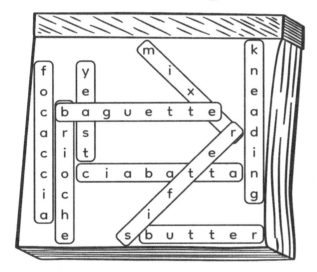

mix
kneading
focaccia
yeast
baguette
brioche
ciabatta
butter

16 St. Patricks Day

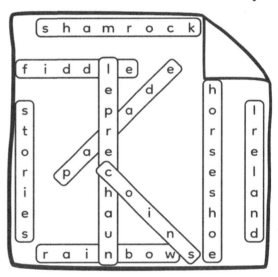

shamrock
fiddle
leprechaun
stories
horseshoe
Ireland
rainbows

17 Metals

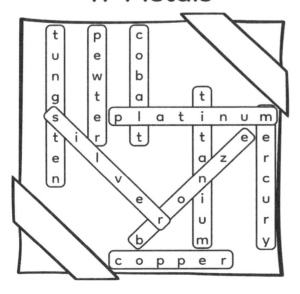

tungsten
pewter
cobalt
platinum
titanium
silver
mercury
copper

18 Baseball

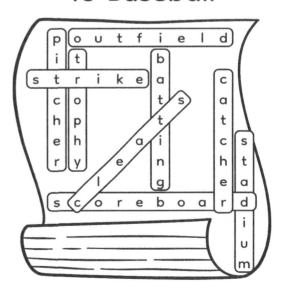

pitcher
outfield
strike
batting
trophy
catcher
stadium
scoreboard

19 Barbecue

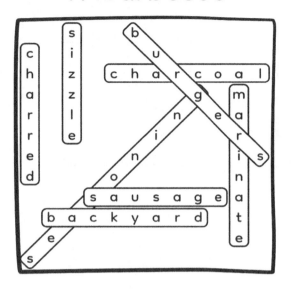

20 Meats

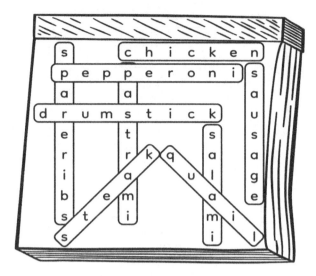

21 Valentine's Day

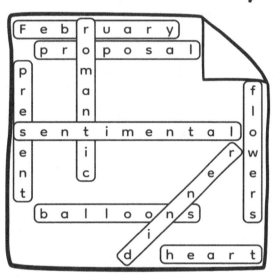

22 Bicycles

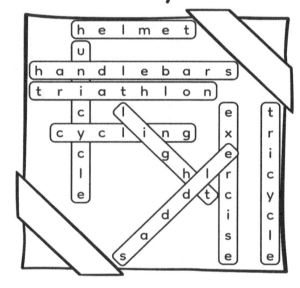

23 April Fool's Day

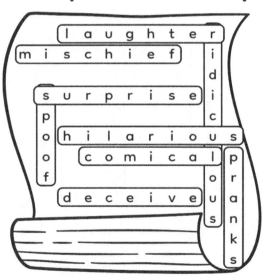

24 Drinks

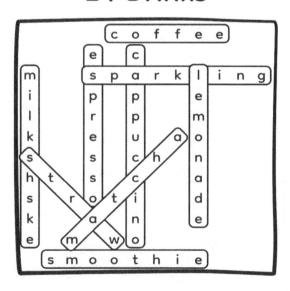

25 Time

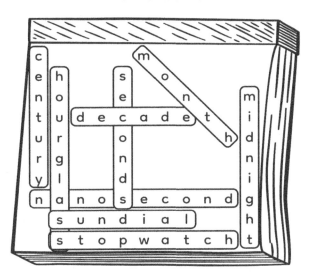

26 Garden

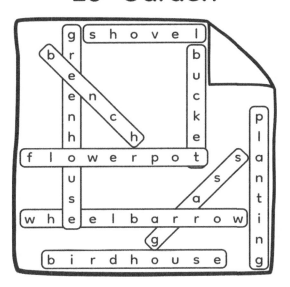

27 Home Sweet Home

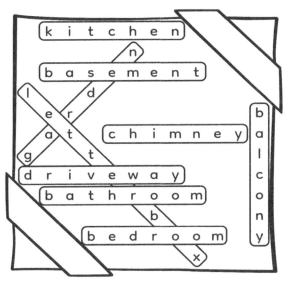

28 Clothing

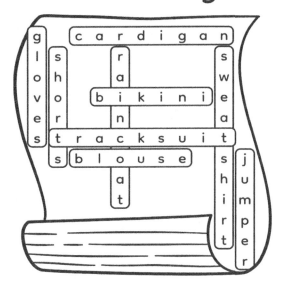

29 Royalty

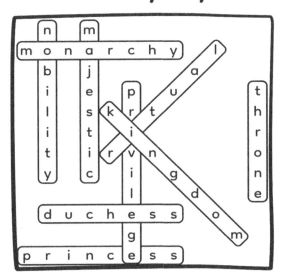

30 Languages

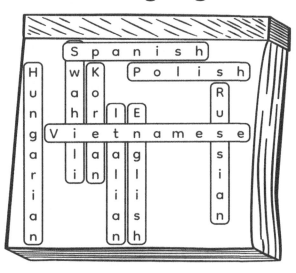

31 Family

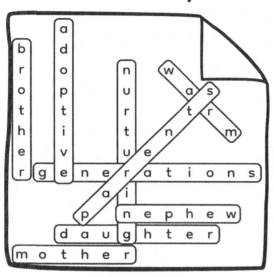

32 Spices

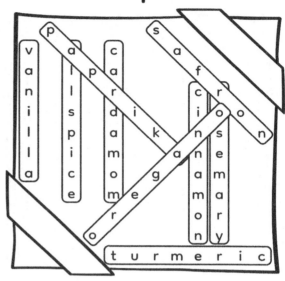

33 Birthdays

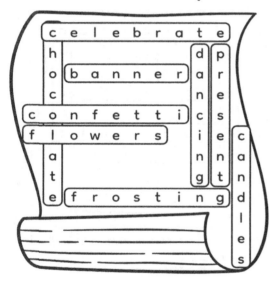

34 Halloween

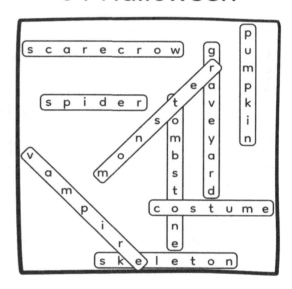

35 Volcanos

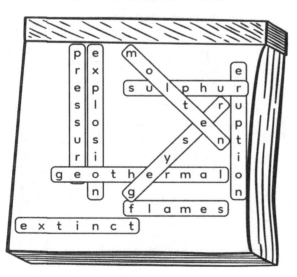

36 Fish

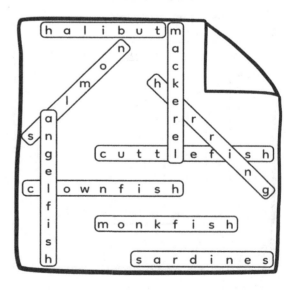

37 Castles

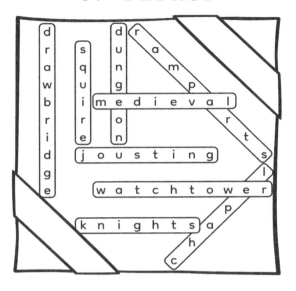

38 Christmas

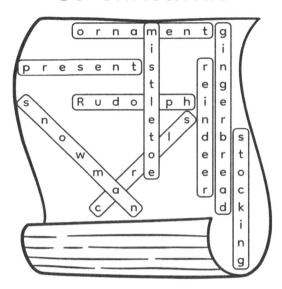

39 Pirates

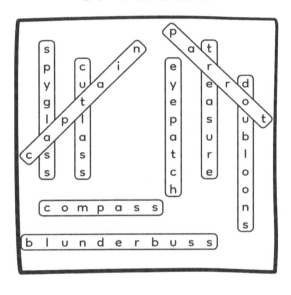

40 Easter

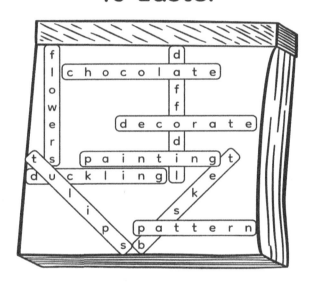

41 Winter

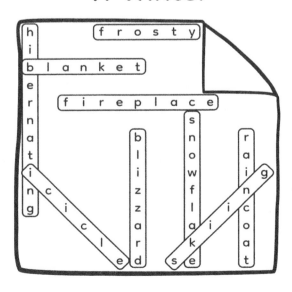

42 Dogs

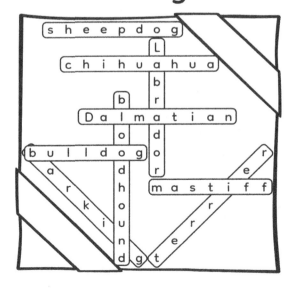

43 Ocean Animals

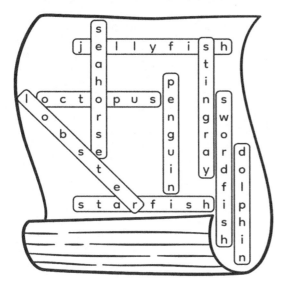

44 European Countries

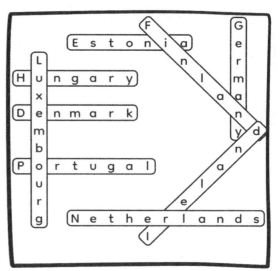

45 Tools

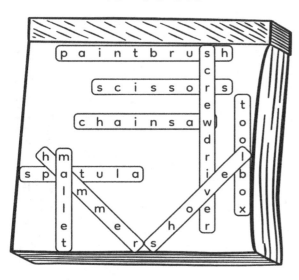

46 Magic

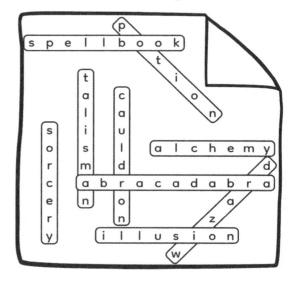

47 African Countries

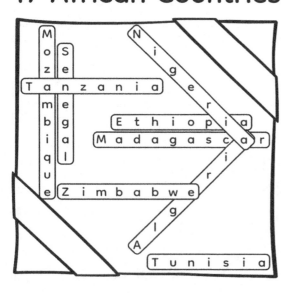

48 Cheese

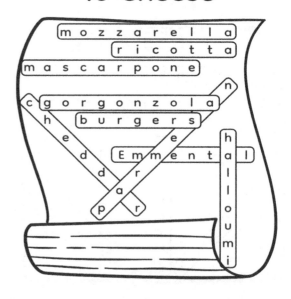

49 The Circus

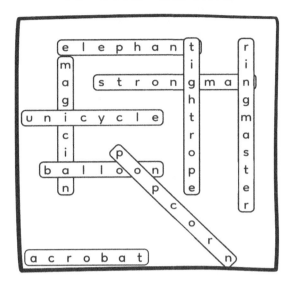

50 Furniture

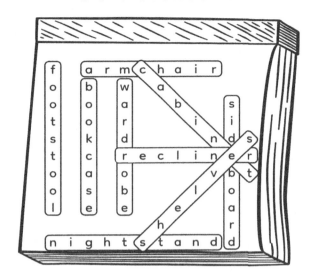

51 Food

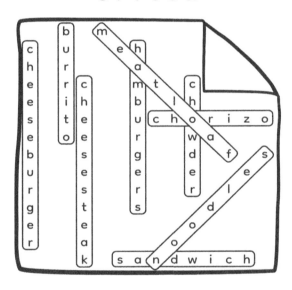

52 The Ocean

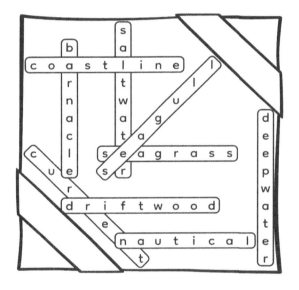

53 Rainforest Animals

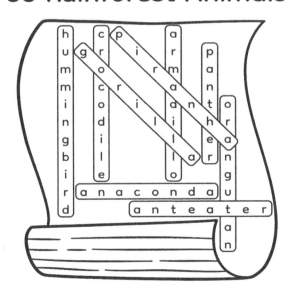

54 Green Vegetables

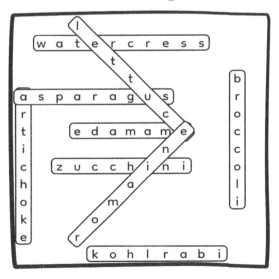

55 Ships & Boats

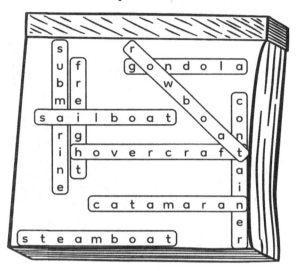

56 Friendship

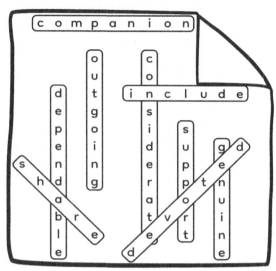

57 Weather

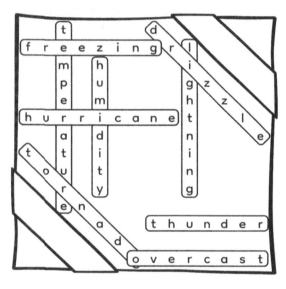

58 Latin America

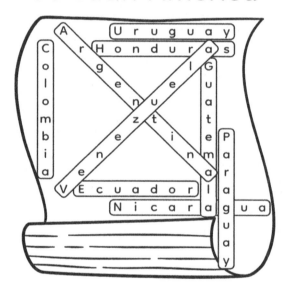

59 Instruments

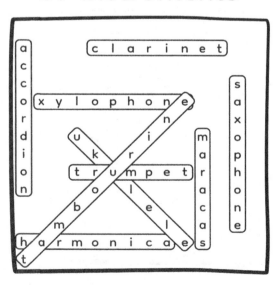

60 Memorial Day

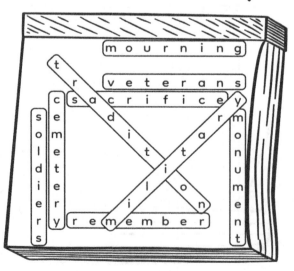

61 Beach

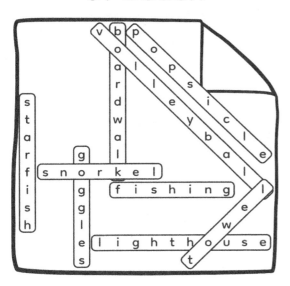

62 Camping

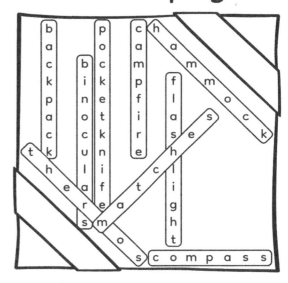

63 Vegetables

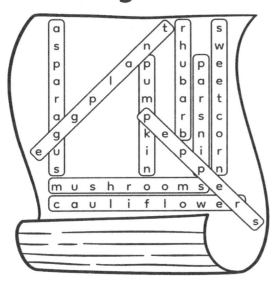

64 American Football

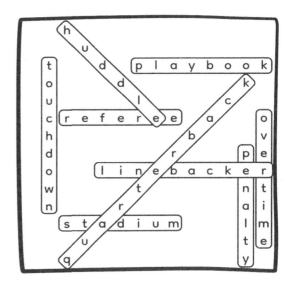

65 Music

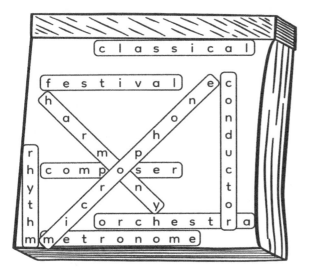

66 Herbs

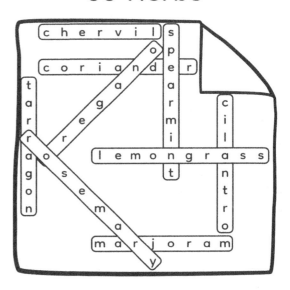

67 Ancient Rome

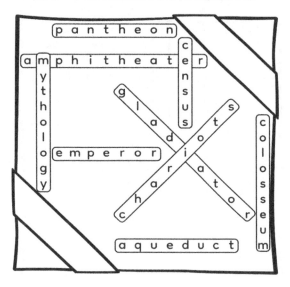

pantheon
amphitheater
census
mythology
gladiator
emperor
colosseum
aqueduct

68 Art

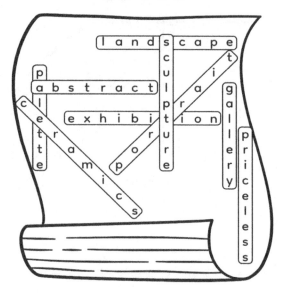

landscape
sculpture
abstract
palette
ceramics
exhibition
gallery
priceless

69 In The Kitchen

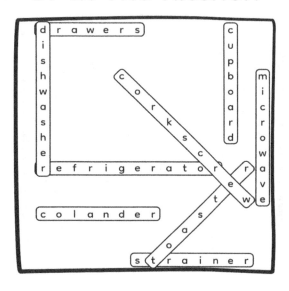

drawers
cupboard
dishwasher
corkscrew
microwave
refrigerator
colander
strainer

70 Car Parts

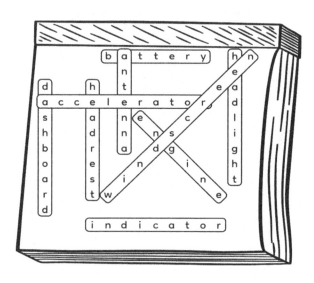

battery
antenna
dashboard
headrest
accelerator
headlight
engine
indicator

71 Travel

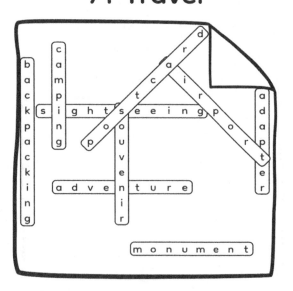

backpacking
camping
sightseeing
souvenir
aircraft
airport
adapter
adventure
monument

72 Asian Countries

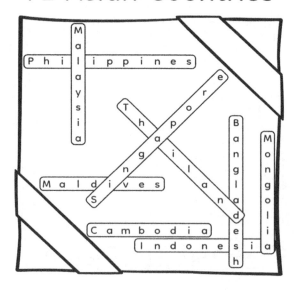

Malaysia
Philippines
Thailand
Bangladesh
Mongolia
Maldives
Cambodia
Indonesia

73 At The Airport

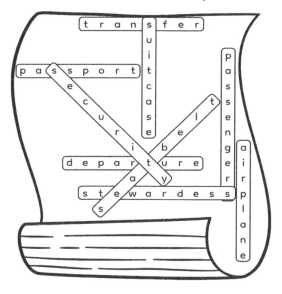

transfer
suitcase
passport
passenger
security
airplane
departure
stewardess

74 Thanksgiving

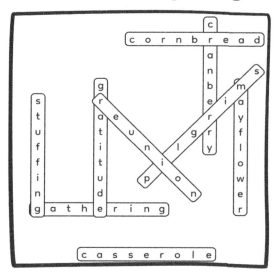

cornbread
cranberry
gratitude
stuffing
reunion
mayflower
gathering
casserole

75 Desserts

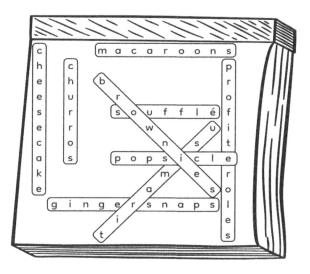

macaroons
cheesecake
churros
profiteroles
brownies
soufflé
popsicle
tiramisu
gingersnaps

76 US States

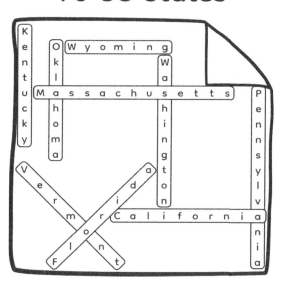

Kentucky
Oklahoma
Wyoming
Washington
Massachusetts
Pennsylvania
Vermont
Florida
California

77 Italian Food

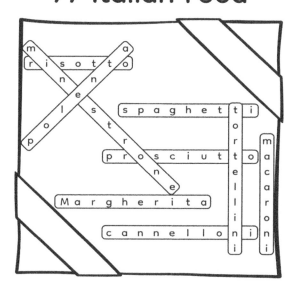

risotto
minestrone
mayo
spaghetti
tortellini
prosciutto
macaroni
Margherita
cannelloni

78 Emotions & Feelings

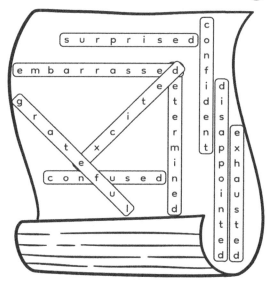

surprised
confident
embarrassed
determined
disappointed
grateful
exhausted
confused

79 Buildings

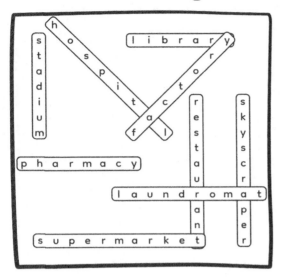

80 Shapes

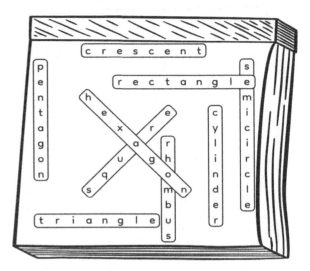

81 Classroom Objects

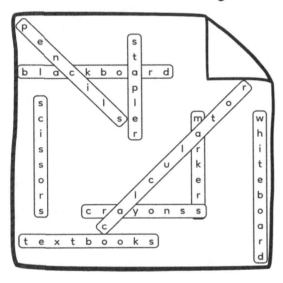

82 Shoes

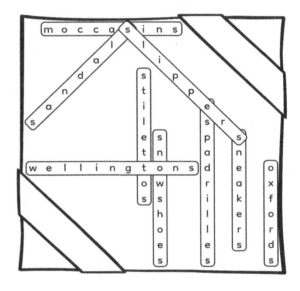

83 Sports

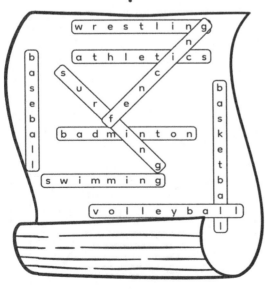

84 Insects

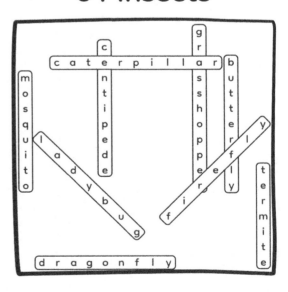

85 The Middle Ages

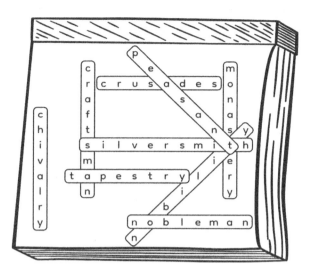

86 African Animals

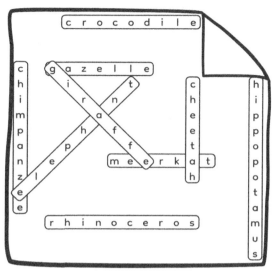

87 Hobbies

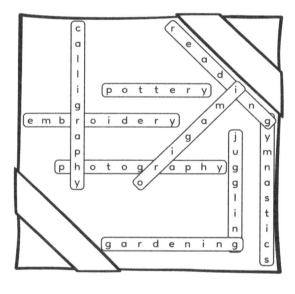

88 Fourth of July

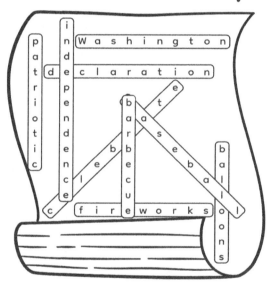

89 Fruits

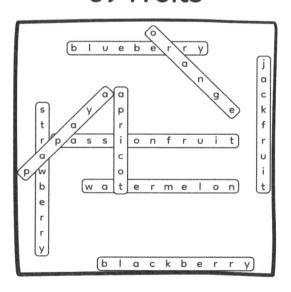

90 Earth Day

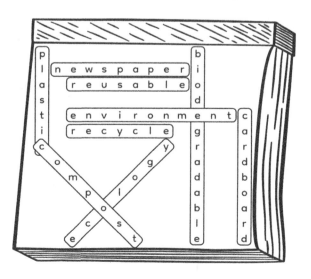

91 Jobs

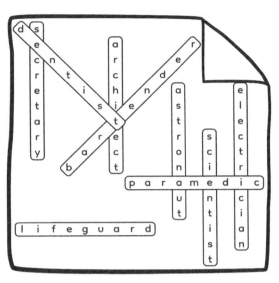

92 Summer Games

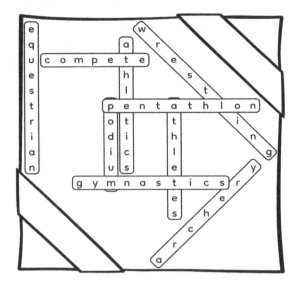

93 Space

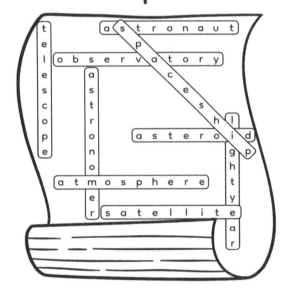

94 Electronics

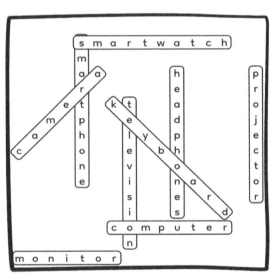

95 Summer

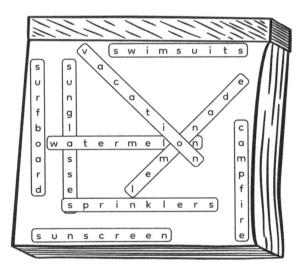

96 New Year's Eve

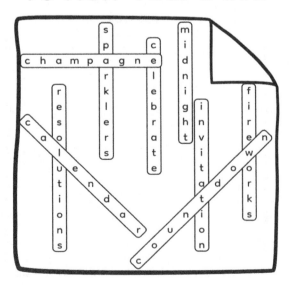

97 Transportation

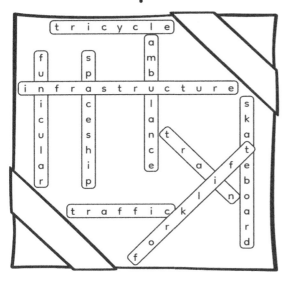

98 At The Hospital

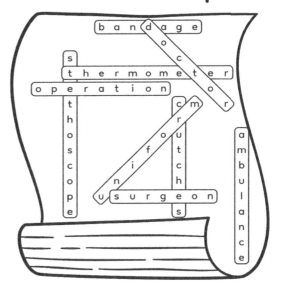

99 Flowers

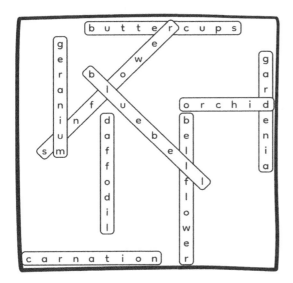

100 Science

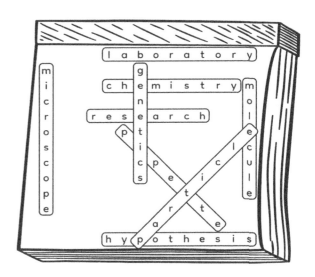

Made in the USA
Las Vegas, NV
26 March 2024

87767266R00066